KB028282

東靑龍 · 六

낭송 전습록

낭송Q시리즈 동청룡 06
낭송 전습록

발행일 초판4쇄 2023년 10월 20일(癸卯年 壬戌月 辛亥日)
지은이 왕양명 | **풀어 읽은이** 문성환 | **펴낸곳** 북드라망 | **펴낸이** 김현경
주소 서울시 종로구 사직로8길 24 1221호(내수동, 경희궁의아침2단지) |
전화 02-739-9918 | **이메일** bookdramang@gmail.com

ISBN 978-89-97969-44-9 04150 978-89-97969-37-1(세트) | 이 도서의 국립중앙도
서관 출판시도서목록(CIP)은 서지정보유통지원시스템 홈페이지(http://seoji.nl.go.
kr)와 국가자료공동목록시스템(http://www.nl.go.kr/kolisnet)에서 이용하실 수 있습
니다.(CIP제어번호: CIP2014030331) | 이 책은 저작권자와 북드라망의 독점계약에
의해 출간되었으므로 무단전재와 무단복제를 금합니다. 잘못 만들어진 책은 서점에서
바꿔 드립니다.

책으로 여는 지혜의 인드라망, 북드라망 **www.bookdramang.com**

낭송
Q
시리즈

동청룡
06

낭송
전습록

왕양명
지음

문성환
풀어
읽음

고미숙
기획

▶낭송Q시리즈 『낭송 전습록』 사용설명서◀

1. '낭송Q'시리즈의 '낭송Q'는 '낭송의 달인 호모 큐라스'의 약자입니다. '큐라스'(curas)는 '케어'(care)의 어원인 라틴어로 배려, 보살핌, 관리, 집필, 치유 등의 뜻이 있습니다. '호모 큐라스'는 고전평론가 고미숙이 만든 조어로, 자기배려를 하는 사람, 즉 자신의 욕망과 호흡의 불균형을 조절하는 능력을 지닌 사람을 뜻하며, 낭송의 달인이 호모 큐라스인 까닭은 고전을 낭송함으로써 내 몸과 우주가 감응하게 하는 것이야말로 최고의 양생법이자, 자기배려이기 때문입니다(낭송의 인문학적 배경에 대해 더 궁금하신 분들은 고미숙이 쓴 『낭송의 달인 호모 큐라스』를 참고해 주십시오).

2. 낭송Q시리즈는 '낭송'을 위한 책입니다. 따라서 이 책은 꼭 소리 내어 읽어 주시고, 나아가 짧은 구절이라도 암송해 보실 때 더욱 빛을 발합니다. 머리와 입이 하나가 되어 책이 없어도 내 몸 안에서 소리가 흘러나오는 것, 그것이 바로 낭송입니다. 이를 위해 낭송Q시리즈의 책들은 모두 수십 개의 짧은 장들로 이루어져 있습니다. 암송에 도전해 볼 수 있는 분량들로 나누어 각 고전의 맛을 머리로, 몸으로 느낄 수 있도록 각 책의 '풀어 읽은이'들이 고심했습니다.

3. 낭송Q시리즈 아래로는 동청룡, 남주작, 서백호, 북현무라는 작은 묶음이 있습니다. 이 이름들은 동양 별자리 28수(宿)에서 빌려 온 것으로 각각 사계절과 음양오행의 기운을 품은 고전들을 배치했습니다. 또 각 별자리의 서두에는 판소리계 소설을, 마무리에는 『동의보감』을 네 편으로 나누어 하나씩 넣었고, 그 사이에는 유교와 불교의 경전, 그리고 동아시아 최고의 명문장들을 배열했습니다. 낭송Q시리즈를 통해 우리 안의 사계를 일깨우고, 유(儒)·불(佛)·도(道) 삼교회통의 비전을 구현하고자 한 까닭입니다. 아래의 설명을 참조하셔서 먼저 낭송해 볼 고전을 골라 보시기 바랍니다.

▷ __동청룡__: 『낭송 춘향전』 『낭송 논어/맹자』 『낭송 아함경』 『낭송 열자』 『낭송 열하일기』 『낭송 전습록』 『낭송 동의보감 내경편』으로 구성되어 있습니다. 동쪽은 오행상으로 목(木)의 기운에 해당하며, 목은 색으로는 푸른색, 계절상으로는 봄에 해당합니다. 하여 푸른 봄, 청춘(青春)의 기운이 가득한 작품들을 선별했습니다. 또한 목은 새로운 시작을 의미하기도 합

니다. 청춘의 열정으로 새로운 비전을 탐구하고 싶다면 동청룡의 고전과 만나 보세요.

▷ 남주작 : 『낭송 변강쇠전/적벽가』 『낭송 금강경 외』 『낭송 삼국지』 『낭송 장자』 『낭송 주자어류』 『낭송 홍루몽』 『낭송 동의보감 외형편』으로 구성되어 있습니다. 남쪽은 오행상 화(火)의 기운에 속합니다. 화는 색으로는 붉은색, 계절상으로는 여름입니다. 하여, 화기의 특징은 발산력과 표현력입니다. 자신감이 부족해지거나 자꾸 움츠러들 때 남주작의 고전들을 큰소리로 낭송해 보세요.

▷ 서백호 : 『낭송 흥보전』 『낭송 서유기』 『낭송 선어록』 『낭송 손자병법/오기병법』 『낭송 이옥』 『낭송 한비자』 『낭송 동의보감 잡병편 (1)』로 구성되어 있습니다. 서쪽은 오행상 금(金)의 기운에 속합니다. 금은 색으로는 흰색, 계절상으로는 가을입니다. 가을은 심판의 계절, 열매를 맺기 위해 불필요한 것들을 모두 떨궈 내는 기운이 가득한 때입니다. 그러니 생활이 늘 산만하고 분주한 분들에게 제격입니다. 서백호 고전들의 울림이 냉철한 결단력을 만들어 줄 테니까요.

▷ 북현무 : 『낭송 토끼전/심청전』 『낭송 노자』 『낭송 대승기신론』 『낭송 동의수세보원』 『낭송 사기열전』 『낭송 18세기 소품문』 『낭송 동의보감 잡병편 (2)』로 구성되어 있습니다. 북쪽은 오행상 수(水)의 기운에 속합니다. 수는 색으로는 검은색, 계절상으로는 겨울입니다. 수는 우리 몸에서 신장의 기운과 통합니다. 신장이 튼튼하면 청력이 좋고 유머감각이 탁월합니다. 하여 수는 지혜와 상상력, 예지력과도 연결됩니다. 물처럼 '유동하는 지성'을 갖추고 싶다면 북현무의 고전들과 함께해야 합니다.

4. 낭송은 최고의 휴식입니다. 소리의 울림이 호흡을 고르게 하고, 이어 몸과 마음이 평온해집니다. 혼자보다 가족과 친구, 연인과 함께하시면 더욱 효과가 좋습니다. 또한 머리맡에 이 책을 상비해 두고 잠들기 전 한 꼭지씩만 소리 내어 읽어 보세요. 불을 끄고 자리에 누워서는 방금 읽은 부분을 낭송해 보세요. 개운한 아침을 맞을 수 있을 것입니다.

5. 이 책 『낭송 전습록』은 왕양명 저 『전습록』을 풀어 읽은이가 그 편제를 새롭게 하여 엮은 발췌 편역본입니다(『전습록』의 원 체재體裁는 이 책 말미에 실려 있습니다). 원문에는 서간문으로 되어 있는 부분도 이 책에서는 직접적 문답 형식으로 바꾸어 실었습니다.

차 례

『전습록』은 어떤 책인가 : 『전습록』을 읽는 세 개의 키워드 10

1. 왕양명 밴드 — 함께 묻고 배운다 21

  1-1. 사람은 누구나 다 성인을 품고 있다 22
  1-2. 업무가 바빠 공부할 수 없다는 하급 관리에게 25
  1-3. 성인의 가르침은 기질을 속박하지 않는다 27
  1-4. 양지가 내 불자(拂子)다 30
  1-5. 그대들은 요즘 왜 질문이 적은가? 32
  1-6. 참된 자기를 위하라 34
  1-7. 성인의 학문이 도교나 불교보다 간결하고 크다 39
  1-8. 오이맛을 알고 싶으면 오이를 먹어 보아야 한다 41
  1-9. 마음이 성성하게 깨어 있어야 한다 43
  1-10. 나의 단점을 공격하는 사람이 나의 스승이다 45
  1-11. 순임금은 최고의 불효자다 49
  1-12. 거리에 가득 찬 사람이 모두 성인이다 52

1-13. 즉문즉설—함께 묻고 답하다 56

1-14. 주자 만년의 후회에 관하여 60

1-15. 공자의 인과 묵자의 겸애는 어떻게 같고 다른가 63

1-16. 주자와의 차이에 대하여 66

1-17. 학문은 나무 기르는 일과 같다 68

1-18. 도(道)란 곧 우주다 70

1-19. 성인은 스스로 낮추지 않는다 73

1-20. 부족함을 느끼는 공부와 남는 것을 느끼는 공부 75

1-21. 학문하는 법 76

1-22. 육징이 도의 정밀함과 거칢에 관해 묻다 79

1-23. 아이가 아파 마음이 괴로운 지금이야말로 공부할 적기! 80

1-24. 일을 추진하고자 할 때에는 의도하거나 고집을 부려서는
안 된다 83

1-25. 참된 공부는 선을 행하는 데 있다 85

2. 마음이 이치다 87

2-1. 깊은 산 바위 틈에 홀로 피고 지는 꽃나무 88

2-2. 마음의 본체가 도심(道心)이다 89

2-3. 마음은 맑은 거울과 같다 91

2-4. 지극한 선은 오직 마음에서 구할 뿐이다 93

2-5. 앎과 행위에 순서가 있다는 말에 관하여 98

2-6. 양지는 마음의 본체인데, 왜 배움에 의지해야 하는가 103

2-7. 성인은 본성에 따라 행할 뿐이다 107

2-8. 공경히 삼가는 것과 이치를 탐구하는 일은 다르지 않다 110

2-9. 꽃과 풀에는 선도 없고 악도 없다 114

2-10. 성인의 마음은 순금에 비유할 수 있다 119

2-11. 마음의 본체를 다하는 것은 재질을 통해 드러난다 124

2-12. 한가한 생각이나 잡념도 사욕이다 127

2-13. 성인과 순금에 관하여 다시 묻다 129

2-14. 중(中)을 살피는 문제에 관하여 132

2-15. 이치와 마음은 다르지 않다 137

2-16. 마음에 근심이 있는 것처럼 공부하라 139

2-17. 아직 감정이 움직이지 않은 마음의 상태 142

3. 길 혹은 도(道) 145

3-1. 근본에서 힘을 기울여야 한다 146

3-2. 몸과 마음과 뜻과 앎과 사물은 하나다 149

3-3. 양지는 견문에서 얻는 것이 아니지만 견문 역시 양지의 작용이다 152

3-4. 속임수와 불신에 대처하는 군자의 자세 155

3-5. 학문은 마음에서 얻는 것을 귀하게 여긴다 159

3-6. 치양지는 다른 사람의 선행을 자기 것으로 여긴다 162

3-7. 아동교육의 대의를 보이다 165

3-8. 역사가 경전이고, 경전이 역사다 168

3-9. 상달(上達)은 오직 하학(下學)에 있다 171

3-10. 『대학』과 『중용』의 핵심을 말하다 173

3-11. 발본색원(拔本塞源) 혹은 성인들의 공동체 176

3-12. 사구교(四句敎), 마음의 본체는 선도 없고 악도 없다 182

3-13. 대학문(大學問)—대인은 천지만물을 한몸으로 여긴다 186

3-14. 지행(知行)은 하나다 190

3-15. 앎은 행위의 시작이고 행위는 앎의 완성이다 194

3-16. 공자의 정명(正名)을 말하다 195

3-17. 한 구간을 가야 비로소 한 구간을 알 수 있다 198

3-18. 안회가 죽자 성인의 학문도 사라졌다 200

3-19. 기꺼이 광자(狂者)의 길을 가리라 202

3-20. 남이 말해 주는 것은 자신이 뉘우치는 진실됨만 못하다 205

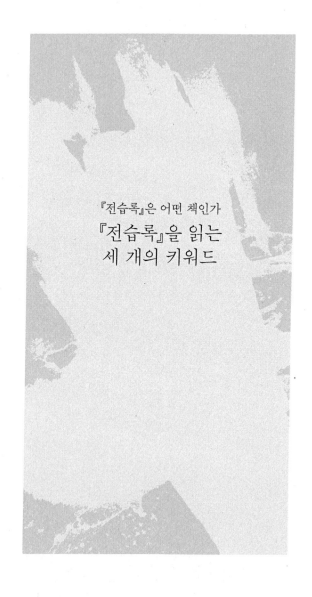

『전습록』은 어떤 책인가

『전습록』을 읽는
세 개의 키워드

1. 양명학과『전습록』

여기 동아시아 전前근대 시기 유학 사상사를 대표하는 일군의 학인學人들이 있다. 이들은 용감하면서도 따뜻했던 한 스승을 중심으로, 그때까지 자명한 것으로 인정되던 주류 학문을 과감하게 거부했다. 얼핏 보기에 이 대결은 흡사 골리앗에 맞선 다윗의 싸움을 떠올리게 한다. 어찌 됐건 상대는 이미 수백 년간 동아시아 학문의 패권을 장악하고 있던 거대 세력으로서의 주자학朱子學이었기 때문이다.

결론부터 말하자면, 이들의 싸움은 '성공적으로 실패'했다. 우리는 이 학문을 양명학陽明學이라 부르는데, 양명학의 종주 왕양명王陽明은 불과 57년의 생애를 살았지만, 동아시아 사상사에 뚜렷한 흔적을 남겼다. 나아가 양명의 제자들은 스승의 사후 더욱더 강력하게 양명학으로 천하를 진동시켰다. 그런데 왜 이들의 학문은 성공적으로 실패했다고 말해야 하는 것일까. 여기에는 양명학의 독특한 학문적 성격이 설명될 필요가 있는데, 간단히 말하면 양명학은 실천을 통한 자기부정의 성격을 갖기 때문이다. 요컨대 양명학은 양명학적 실천으로 나아가면 나아갈수록 아이러니하게도 스승 양명으로부터 멀어질 수 있다.

양명과 양명의 학인들은 강학講學을 통해 문제의식을 공유하고 자신들만의 공통감각을 단련시켰으며 나아가 새로운 시대정신을 만들었다. 근대 이전 전통적인 교수 방식인 강학은 간단히 말해 함께 읽고 토론하는 공부 방법이다. 강학이 양명학 고유의 공부 방식이었다고 말할 수는 없다. 하지만 함께 읽고 토론한다는 이 공부의 현장에서 튼튼한 학문 공동체가 탄생했다는 사실은 기억할 만하다. 이 책은 바로 이러한 강학의 전통을 연장하려는 욕망에서 만들어졌다. 하여 아래에서는 『전습록』을 읽고 이해하는 데 도움이 될 만한 몇 개의 팁을 소개한다.

2. 길 혹은 도(道)

왕양명은 1472년 절강성浙江省 여요현餘姚縣 출신이다. 이름은 수인守仁이며, 양명陽明은 그의 호다. 양명은 명나라 중기 시대의 사대부이지만 관직에 종사하기 시작한 30대 초반 이래 1528년 57세의 나이로 생을 마감할 때까지 사실상 무인武人 장수將帥의 삶을 살았다. 양명은 명나라 전체를 통틀어 가장 유능한 장수로 한 손 안에 꼽힐 정도로 탁월한 장군이었다.

양명의 일상이 말을 타고 활을 쏘는 전장에 있었다는 사실은 특기할 만하다. 한마디로 그의 삶은 길 위에 있었다. 당연하게도 그의 학문 역시 길 위에서 이루어진 것이다. 양명학의 출발이라고 일컬어지는 심즉리心卽理: 마음이 곧 이치다를 깨달은 37세 무렵의 귀주성 용장龍場 지역으로부터, 최후의 출정지인 전주田州와 사은思恩 지역을 다녀오다 청룡포에서 숨을 거두는 57세 때까지, 길은 양명과 양명의 학문에서 단지 스쳐 지나가는 배경이 아니라 빠뜨릴 수 없는 핵심 요소였다. 그렇게 양명은 길 위에서 철학했다. 철학함이 삶의 길을 창조하는 것이라 한다면 양명에게는 그가 걸어간 길이 곧 그의 길[道]이었던 셈이다.

그러므로 적어도 양명에게 있어서는 칼을 찬 학자라거나 붓을 쥔 장군 등과 같은 표현은 결코 은유가 아니다. 그에게는 목숨을 걸고 싸워야 하는 위험한 전쟁이 늘, 너무도 가깝게 있었다. 전쟁터는 그의 삶이 내몰린 현장이자 동시에 그 삶이 넘어가야 할 배움터이기도 했다. 길 위의 삶, 그리고 그 삶의 길에서 길어 올린 배우고 묻는 학문 정신. 이런 의미에서

길은 양명학을 읽는 첫번째 키다.

3. 왕양명 밴드, 집단지성

양명의 제자들은 일찌감치 스승 양명의 말씀을 기록
으로 남기기 위해 노력했다. 이들은 자신들의 기록
을 『전습록』傳習錄이란 제목으로 남겼다. 기본적으로
『전습록』은 양명과 제자들이 묻고 토론한 강학의 기
록을 기반으로 편찬되었다.

　전습傳習. 이 말은 동아시아에서 가장 유명한 텍스
트 중 하나인 『논어』에 나오는 말이다. 전傳은 스승
으로부터 배운 것을, 습習은 배운 것에 대한 부단한
실천을 뜻한다. 요컨대 열심히 배우고 더 열심히 익
힌다는 의미인데, 일단 이 제목은 양명학단이 배움
에 더해 실천을 강조한 학문집단이었음을 상징적으
로 보여 준다.

　이와는 다른 차원에서 『전습록』이 대화對話의 기록
이라는 사실도 중요하게 음미될 필요가 있다. 대화
란 반드시 상대를 전제하는 언어 실천 행위이다. 요
컨대 대화는 기본이 복수적인 것이다. 『전습록』이

스승 양명과 신심 어린 제자들이 서로 의지하며 의미를 생성시키는 집단지성의 산물인 것은 이런 이유 때문이다. 그러므로 『전습록』은 양명의 책이면서 동시에 양명의 책이 아니다. 『전습록』은 양명의 글이라기보다 양명 집단의 웅변이라고 보아야 한다.

제자들은 양명의 편지를 돌려 읽으며 공부했고, 강학의 현장에서는 서로에 대해 도반이자 삶의 동지로서 의지했다. 그렇기에 『전습록』의 대화는 스승의 대답이 갖는 학문적 권위 이전에 서로가 서로에 대해 갖는 학문 공동체적인 신체성의 형성에 주목하게 만든다. 요컨대 양명과 제자들이 나누는 다양한 문답들은 단지 양명학이라는 담론을 구성하는 내용적 측면에서만 중요한 게 아니다. 때론 당황하고, 때론 혼나고, 때론 기쁘고, 때론 황송하고, 때론 감동하는 등등의 구체적인 장면들이 그 속에 함께 어우러져 있기 때문이다. 이 점은 특히 주자학과 비교해 양명 학단이 갖는 집단적 학문 공동체로서의 특별한 성격을 보여 주는 지점이 아닐 수 없다.

『전습록』의 대화는 구체적이고 직접적이며, 때론 즉물적이기까지 하다(서애, 설간, 소혜, 왕간 등의 질문을 가만히 음미하며 읽어 보시라). 덕분에 흥미진진

하고 활기찬 이 강학의 현장에는 사변적이고 고리타
분한 말씀들은 별로 끼일 틈이 없다. 제자들을 단지
질문하는 목소리(조연)로 전락시키지 않는 특유의
생동감. 바로 이 집단적 학문 공동체의 모습이야말
로『전습록』과 양명학을 이해하는 두번째 키다.

4. 마음[心]

양명학과『전습록』을 이해하는 세번째 키는 마음心
이다. 양명학은 주자학자들에게 심학心學이라고 조
롱받을 정도로 마음에 대해 깊고 열정적인 천착을
보여 준 학문이다(유학자들에게 심학이라는 지칭은 불
교 이단과 통한다는 경계의 뜻이 있다). 뿐만 아니라
치양지致良知라는 양명 최후의 개념적 종착지는 결국
마음의 본체로서 양지良知를 어떻게 실천할 것인가
의 문제였다.

　따라서 양명학을 이해하기 위해서는 마음과 관련
된, 양명학에 자주 등장하는 몇 가지 개념들의 관계
를 알아 두는 것이 좋다. 예컨대 양명학에서는 사물
[物], 앎[知], 뜻[意], 마음[心], 몸[身] 등이 일상적 사건

들과 얽히면서 다양하게 논의되는데, 양명은 이들 '사물-앎-뜻-마음-몸' 등을 가리켜 '하나'라고 말한다. 정신과 육체 혹은 몸과 마음이라는 식으로 자연스럽게 마음(혹은 정신)을 몸(혹은 육체)으로부터 구별하는 데 익숙한 우리로서는 양명의 이런 논의야말로 오히려 부자연스럽고 당혹스러울 게 틀림없다.

어떻게 사물과 몸과 마음이 하나일 수 있는가. 여기에서 이에 대한 자세한 설명을 늘어놓을 수는 없지만, 어쨌든 양명의 학문에서 마음 밖에는 어떠한 사물[物]도, 일[事]도, 그리고 이치[理]도 없다. 이렇듯 철저하게 '마음' 먹기로 작정한 철학이었던 셈.

이런 까닭에 양명의 사유는 그가 원했든 원하지 않았든 모험적인 사유가 될 수밖에 없었다. 여기에는 그가 대결해야 했던 상대가 거대한 주류학문으로서의 주자학이었다는 것도 이유라면 이유가 될 수 있을 것이다. 주류적이고 다수적인 학문과 다른 주장을 펼친다는 건 그 자체로 이단의 낙인을 각오해야 하는 문제였기 때문이다. 하지만 양명은 자신의 생각이 유학의 본래 가르침이라고 확신했다. 주자를 한 명의 훌륭한 선배 주석자로 이해하는 과정에서 양명은 몸=마음의 일원적 체계를 고집했다. 세상은 어쨌든 이 몸으로 살아가는 것인데, 몸은 마음이 형체를 갖춘 것을 일컫는 것에 지나지 않는다는 것. 결국 이 마음이 이 몸, 나아가 이 세계의 존재 근거이자 세계 그 자체라는 것.

양명은 말한다. 몸[身]은 마음을 형체를 갖춘 것으로 말한 것이고, 사물[物]은 마음이 가닿아 있는 무엇이고, 앎[知]은 마음이 영명함을 얻은 것이고, 뜻[意]은 마음이 처음 움직인 것을 말하는 것이고, 마음[心]은 몸을 주재하는 측면에서 말한 것이라고.

그러니 몸과 사물과 앎과 뜻과 마음은 '하나'다. 마음은 몸이고 몸이 곧 마음이다. 양명학과 『전습록』을 이해하는 세번째 키.

5. 낭송 텍스트로서의 『전습록』

『전습록』은 마음 철학으로서의 양명의 생각이 담겨있는 책이지만, 다른 한편 공부에 뜻을 세우는 사람들에게 좋은 길잡이가 되어 줄 책이기도 하다. 입시나 취업 등에 내몰리고 성적과 평가에 목이 졸린 현대인들에게 양명이 제시하는 공부의 원칙과 마음가

짐 등은 각자의 현장에서 작은 실천으로 이어질 불씨가 될 수 있을 것이다. 아니 한 구절 한 구절 소리내어 읽는 그 자체로 이미 양명의 공부와 인연이 시작된 셈이다. 그렇다면 남은 과제는 이 작은 불씨와 희미한 인연의 끈을 키워 보겠다는 용기와 뚝심일 터. 『전습록』이 '낭송Q시리즈' 중 동청룡에 소속된 건 우연(!)이 아닐 것이다.(^^)

이 책은 왕양명과 그의 문인門人들이 함께 이룩한 양명학의 교과서인 『전습록』을 새롭게 각색·편집·번역·윤문한 책이다. 이 작업을 하는 동안 오직 한 가지 원칙만을 염두에 두었다. '누구나 쉽게 읽어 볼 수 있게 함.' 이때 '읽어 볼 수 있게 한다'는 이 대목은 묵독이 아니라 낭독을 염두에 둔 원칙이다. 더 나아가 여기에는 소리 내어 읽고 온몸으로 암송하겠다는 분명한 목적이 담겨 있다. 그러니 이 책은 크게 소리 높여 읽고 암송하는 책으로서의 『전습록』이다.

목적이 분명한 기획이었지만, 실제 작업에서는 생각보다 암초가 많았다. 아니 분명한 목적을 향해야 했기에 당연히 곤란을 마주칠 수밖에 없었을 것이다. 무엇보다도 상당한 수준에서의 재편집은 불가피했다. 한문 고전에 대한 기존 번역서들이 대체로 축

자역逐字譯: 원문의 한 구절 한 구절을 본래의 뜻에 충실하게 번역함이
라는 점 그리고 참고할 만한 낭송 텍스트가 없다는
점 등은 당연히 작업자의 숙제인 동시에 넘어야 할
과제일 수밖에 없었다.

다시 한번 밝혀 둘 것은, 이 책이 『전습록』의 새 버
전이라기보다 낭송을 위한 『전습록』이라는 사실이
다. 때문에 잘 낭송될 수 있도록 하기 위해서 질문과
대답의 내용을 각색하고, 장면을 재구성하고, 분명
한 의미를 위해 과감히 의역을 시도하기도 했다. 필
요하다고 판단될 때는 기존 번역서도 적극 활용했
다. 이 책과 인연이 닿는 분들께서는 이 모든 과정이
『전습록』의 집단적 신체성과 같은 맥락을 갖는 것이
라고 이해해 주면 좋겠다. 그리하여, 어찌 됐건 낭송
하는 『전습록』을 통해 좀더 많은 이들이 삶의 지혜
를 나누어 가져갈 수 있기를······.

2014년 가을
호모 쿵푸스들의 와자지껄한 공동체
'남산강학원' 공부방에서
문리스

낭송Q시리즈 동청룡
낭송 전습록

1부
왕양명 밴드―함께 묻고 배운다

1-1.
사람은 누구나 다 성인을 품고 있다

건주虔州에서 나진구천은 왕우중王于中·추겸지鄒謙之 등 여러 붕우들과 함께 선생을 모시고 있었다. 그때 갑자기 양명 선생께서 말씀하셨다.

양명 사람은 가슴에 각자의 성인을 품고 있다. 다만 스스로를 믿지 못해 모두 묻어 버리고 있을 뿐이다.

그러면서 우중을 돌아보며 말씀하셨다.

양명 그대가 품고 있는 그것이 바로 성인이다.

그러자 우중은 벌떡 일어나며 말했다.

<u>왕우중</u> 저는 그 말씀을 감당할 수 없습니다.

<u>양명</u> 이것은 그대 것인데, 무슨 이유로 일부러 밀어내 버리는가?

하지만 왕우중은 손사래를 치며 말했다.

<u>왕우중</u> 아닙니다. 감당하지 못하겠습니다.

그러자 양명 선생께서는 좌중을 한번 둘러보고는 다시 왕우중을 향해 말했다.

<u>양명</u> 뭇 사람들도 모두 그것을 가지고 있다. 하물며 우중 그대에게 없겠는가? 겸손해서 무엇하겠는가? 겸손해할 필요 없다.

마침내 우중은 웃으며 받아들였다.
잠시 후 선생께서 다시 논의하셨다.

<u>양명</u> 마음의 본체인 양지良知는 사람에게 누구나 있는 것이어서, 그대가 어떻게 해도 그걸 없앨 수가 없다. 비록 도적이라 해도 스스로 도적질이 부당하다는 것을 안다. 그렇기 때문에 도적이라고 부르면 그도

부끄러워한다.

우중이 응대하며 대답했다.

왕우중 이해했습니다. 도적은 단지 물욕이 양지를 막고 가리고 있을 뿐입니다. 양지·양능良能한 마음은 제 속에 있는 것이어서 스스로 잃어버릴 수가 없는 것입니다. 이는 마치 구름이 태양을 가릴 수는 있어도, 태양 자체를 사라지게 할 수는 없는 것과 같습니다.

선생께서 환하게 웃으며 좌중을 향해 말씀하셨다.

양명 우중은 이렇게 총명하다. 다른 사람이 미치지 못하는 부분까지 보고 있구나.

1-2.
업무가 바빠 공부할 수 없다는
하급 관리에게

한 하급 관리가 있었다. 그는 오랫동안 양명 선생의 학문을 청강했다. 하루는 그가 양명 선생을 찾아와 하소연했다. 자신은 양명 선생의 학문을 매우 좋아하는데, 평소 공무와 송사訟事 관리 문제 등으로 일이 번잡하여 제대로 학문에 매진할 수 없어 괴롭다는 말이었다. 그의 말을 듣고 양명 선생이 말했다.

양명 그대는 나의 학문을 오해하고 있다. 내가 언제 그대에게 공무와 송사 업무 같은 평상시의 일을 때려치우고 강의하고 학문하는 일에 뛰어들라 말하던가? 그대에게는 이미 그대에게 주어진 관아의 업무가 있으니, 공무와 송사 처리 같은 관아의 일을 수행하는 가운데서 학문을 이루어야 한다. 그것이 진정한 격물

格物 공부인 것이다.

예컨대 어떤 소송에 관해 심문할 때 상대방의 대답이 형편없다고 해서 화를 내서는 안 된다. 또한 상대의 말이 그럴 듯하다고 해서 기뻐해서도 안 된다. 그가 청탁을 통해 해결하려 했다고 해서 사사로운 뜻을 더해 다스려서는 안 되고, 거꾸로 그가 간청하며 애원한다고 해서 사사로이 뜻을 굽혀 따라서도 안 된다. 그대의 업무가 바쁘고 많다고 해서 적당히 판결해도 안 되고, 주위 사람들이 비방한다고 해서 그들을 좇아 처리해서도 안 된다. 이런 여러 가지 생각들은 모두 사사로운 것들이다. 그리고 단지 그대만이 자기 자신을 알 수 있다. 정밀하고 세밀하게 성찰하여 매 순간 자기 자신을 극복해 나감으로써 자신을 다스려야 한다. 오직 지금 이 마음에 한 올의 치우침이라도 생겨날까 봐 두려워해야 한다. 이것이 바로 격물치지 格物致知의 공부이니, 공무와 송사 등이 처리되는 동안에도 진실된 배움은 없을 수 없는 것이다. 만약 이러한 실제 일들을 떠나 배움을 얻고자 한다면, 그거야말로 허공에다 헛수고를 하는 일일 뿐이다.

1-3.
성인의 가르침은 기질을 속박하지 않는다

왕기王畿와 황성증黃省曾이 양명 선생을 모시고 앉아 있었다. 선생께서 부채를 들며 말씀하셨다.

양명 그대들도 부채를 사용하라.

그때 황성증이 일어나 대답했다.

황성증 선생님 앞에서 감히 그럴 수 없습니다.

그러자 양명 선생께서 말씀하셨다.

양명   우리는 성인의 학문을 하는 사람들이 아니냐? 성인의 학문이 어찌 그렇게 사람을 괴롭게 얽매는 것

이겠는가? 겉으로만 도학자인 척 하는 것은 성인의
뜻이 아니다.

옆에 있던 왕기가 말했다.

<u>왕기</u> 지금 선생님께서 하신 말씀은 공자께서 증점曾點
에게 품은 뜻을 말하라고 하셨을 때와 비슷합니다.

양명 선생께서 말씀하셨다.

<u>양명</u> 바로 그렇다. 그 한 대목만 봐도, 성인께서 얼마
나 관대하고 포용력 있는 기상을 지닌 분인지 알 수
있지 않은가? 무릇 스승된 사람이 제자들에게 각자
의 품은 뜻을 물었을 때 처음 세 제자인 자로子路·염
유冉有·공서화公西華 등은 모두 몸가짐을 단정히 하고
대답했다. 하지만 마지막 증점 같은 이는 세 사람이
스승과 말하고 있는 중에도 거리낌 없이 비파를 연주
하고 있을 뿐이었다.
생각해 보면 이 얼마나 거침없고 자유분방한 태도인
가? 뿐만 아니라 스승 앞에서 품은 뜻을 말할 때도 스
승의 질문에 대해 대답하지 않았다. 보기에 따라선
완전히 미치광이 같았을 수도 있었을 게다. 만약 그

자리에 정이천程伊川이 있었다면, 아마도 증점의 그런 태도를 크게 꾸짖었을지 모른다. 하지만 우리 성인께서는 어떻게 하셨는가? 오히려 증점을 칭찬하시며 그의 뜻에 동조하시기까지 했다. 이 얼마나 대단한 기상인가? 이로써 보면 성인은 사람들을 가르칠 때 제자들을 속박하여 한결같은 형태로 만들지 않으셨다. 뜻이 높고 분방한 광자狂者는 바로 그 높고 분방한 곳으로 그를 성취시켰고, 아직 뜻을 지키느라 하지 않는 게 있는 견자狷者는 바로 그 지키는 곳에서 그를 성취시켰다. 사람의 재능과 기질이 어떻게 같을 수 있겠는가?

1-4.
양지가 내 불자(拂子)다

한 친구가 공부가 절실하지 못하다고 괴로움을 토로
하였다. 그러자 양명 선생께서 말씀하셨다.

양명 학문 공부에 관해 나는 이미 한마디로 다 밝혔
다. 그런데 어째서 오늘까지도 말을 할수록 더욱 멀
어져 도무지 뿌리를 내리지 못하는 것일까?

제자 치양지致良知에 관해서는 가르침을 얻었습니다.
하지만 역시 더 말씀해 주실 게 있으리라 생각합니다.

양명 이미 치양지를 알았다면 또 무엇을 더 말로 밝힐
게 있다는 말인가? 양지는 분명한 것이니, 그 위에서
실제로 힘써 행하기만 하면 된다. 힘써 행하려 하지
않고 말로 또 설명하는 것은 오히려 흐려질 수 있다.

제자 치양지 공부에 관해 좀더 핵심적인 방법 같은

것을 말씀해 주시길 바라는 것입니다.

양명　그런 것은 반드시 그대가 직접 찾아야 한다. 나도 달리 말로 전할 수 있는 방법이 없다. 가령 이런 옛이야기가 있다. 한 선사가 있었는데, 사람들이 참선하는 방법을 묻자 그저 손에 들고 있던 불자拂子: 짐승의 꼬리털이나 삼 따위를 묶어서 자루에 맨 것. 선종의 승려가 번뇌와 어리석음을 물리치는 표지로 지님를 치켜들 뿐이었다. 해서 하루는 그 사람이 불자를 감추고 선사를 기다렸다가 참선하는 방법을 물었다. 선사는 불자를 찾다가 그것이 보이지 않자 그냥 빈 손을 치켜들었다. 요컨대 지금 내가 말하는 양지는 이 선사가 불법[法]을 펼치는 불자와 같다. 이것을 버리고 치켜들 만한 다른 무엇이 있겠는가?

잠시 후 다른 학인 한 사람이 치양지 공부의 핵심 방법을 말해 달라고 물었다. 양명 선생께서 잠시 주위를 둘러보며 이렇게 말했다.

양명　내 불자가 어디 있더라?

순간 그 자리에 모여 있던 사람들이 모두 떨 듯이 크게 감동을 받았다.

1-5.
그대들은 요즘 왜 질문이 적은가?

선생께서 말씀하셨다.

"그대들은 요즈음 질문이 적은데, 무엇 때문인가? 사람이 공부를 하지 않으면 스스로 이미 학문하는 방법을 알고 있다고 여기기 쉽다. 그렇게 되면 자신도 모르게 그저 자신이 아는 그것을 따라 행하기만 하면 된다고 생각하게 될 것이다.

사사로운 욕망이란 날마다 생겨나는 것이다. 그것은 흡사 땅 위의 먼지와도 같다. 하루를 쓸어내지 않으면 매일 한층 더 쌓이게 된다.

만일 누군가 착실하게 공부한다면 그 사람은 우리의 도가 끝이 없다는 것을 알게 될 것이다. 해서 탐구하면 할수록 도는 더욱 깊어지는 것이다. 배움에는 끝이 없다. 반드시 매순간 자기 수준에서 조금이라도 철저하지 않음이 없도록 정밀하고 명백하게 탐구해야 한다."

1-6.
참된 자기를 위하라

소혜가 물었다.

__소혜__ 저는 제 자신의 사사로움을 이기기 어렵습니다.
어떻게 해야 합니까.
__양명__ 그대의 사사로움을 가지고 와라. 내가 네 대신
이겨 주겠다.
__소혜__ …….
__양명__ 사람은 반드시 자기를 위하는 마음이 있어야 비
로소 자기를 이길 수 있다. 자기를 이길 수 있어야 비
로소 자기를 성취할 수 있는 법이다.
__소혜__ 저도 제 자신을 아주 많이 위합니다. 그런데 어
째서 제 자신을 이길 수 없는 것일까요?
__양명__ 어떻게 네 자신을 위하고 있는지 말해 보거라.

소혜는 한참 생각한 후에 대답했다.

소혜 저는 온 마음을 다해 좋은 사람이 되려고 노력하고 있습니다. 저는 이런 제 자신을 두고 자기를 위하는 마음이 있다고 말씀드린 것입니다. 그런데 곰곰이 생각해 보니 이것은 육신을 위한 것이었지 진정한 자기를 위한 게 아닌 것 같습니다.

양명 진정한 자기가 어떻게 육신을 떠난 것일 수 있겠는가? 아마도 그대는 그 육신을 위한 적도 없는 듯하다. 지금 그대가 말한 육신이란 게 결국 이목구비耳目口鼻와 사지四肢 등이 아니겠는가?

소혜 맞습니다. 그렇기에 눈을 위해서는 색깔이 필요하고, 귀를 위해서는 소리가 필요하고, 두 팔과 두 다리를 위해서는 안락함이 필요합니다. 그래서 자기를 이겨 낼 수 없었던 것입니다.

양명 아름다운 색은 눈을 멀게 하고, 아름다운 소리는 귀를 멀게 하는 법이다. 그뿐인가? 말을 달리고 사냥을 하는 따위는 사람의 마음을 발광케 한다. 이런 것들은 모두 그대의 이목구비와 사지를 해치는 일이지 위하는 일이 아니다. 이목구비와 사지를 진정 위한다면 반드시 어떻게 보고 듣고 움직여야 하는지 생각해야 한다. 반드시 예禮가 아니면 보지도 말고, 예가 아니면 듣지도 말며, 예가 아니면 움직이지도 말아야 비로소 이목구비와 사지를 위했다고 할 수 있다.

지금 그대가 하루 종일 밖으로 나돌면서 구하는 것이 무엇인가. 아마도 명성이거나 이익일 것이다. 이것들은 모두 육신, 즉 외면적인 사물들을 위하는 것이다. 그대가 이목구비와 사지를 위한다면 지금 내가 말할 것처럼, 예가 아니면 보지도 말고 예가 아니면 듣지도 말며 예가 아니면 움직이지도 말아야 할 것이다. 하지만 어떻게 그대 이목구비와 사지가 듣지도 말하지도 움직이지도 않을 수 있겠는가. 그렇기 때문에 이 모든 것은 반드시 네 마음을 통해서 해야만 하는 것이다. 다시 말해 보고 듣고 움직이는 이 모든 것들은 그대 마음이 보려고 한 것이 그대의 눈을 통해 보이고, 그대 마음이 들으려고 한 것이 그대 귀를 통해 들리는 것이며, 그대 마음이 움직이려고 한 것이 그대의 사지를 통해 움직여진 것이다. 만약 그대 마음이 없다면 그대 눈과 귀와 사지도 없다.

소혜 제 마음이 없으면 제 이목구비와 사지도 없다는 게 무슨 말씀이십니까?

양명 이른바 그대 마음이라고 하는 것은 그저 한 덩어리의 피와 살이 아니다. 만약 한 덩어리의 피와 살을 마음이라고 한다면 이미 죽어 버린 사람도 아직 한 덩어리의 피와 살이 그대로 있는 한 마음이 있는 것이 아니겠는가? 그런데 죽은 사람이 어떻게 보고 듣고 움직일 수 있겠는가?

이른바 그대 마음이라고 하는 그것을 그처럼 보고 듣고 움직이도록 하는 것이 본성이다. 그리고 그 본성은 또한 천리天理다. 이 본성이 있어야 비로소 본성의 생리가 생겨나는데 그것을 일컬어 인仁이라 한다. 이 본성의 생리가 눈에서 발휘되면 볼 수 있게 되고, 귀에서 발휘되면 듣게 되고, 사지에서 발휘되면 움직일 수 있게 되는 것이다. 이 모두는 결국 천리가 발휘되어 생겨난 것인데, 그 한몸을 주재하고 있으므로 마음이라고 부른다.

소혜 삼가 진정한 자기를 위하는 방법을 여쭙습니다.

<u>양명</u> 이 마음의 본체는 본래 천리 그 자체여서 또한 본래부터 예가 아닌 것이 없다. 이것이 바로 그대의 진정한 자기이다. 진정한 자기는 몸뚱아리를 주재한다. 그러니까 진정한 자기가 없다면 이 몸도 없다. 또 진정한 자기가 있으면 산 것이고 없으면 죽은 것이다. 그대가 만약 진실로 그 몸뚱아리로서의 자신을 위하고자 한다면 반드시 이 진정한 자기를 사용해야 한다. 언제나 진정한 자기의 본체를 보존하고 지키어, 남이 보지 않을 때에도 조심하며, 남이 듣지 않을

때에도 두려워하며, 오직 사소한 것도 훼손될까 두려
워해야 한다. 예가 아닌 것이 한 터럭이라도 싹 터서
움직이면 곧 칼로 베인 듯 침으로 찔린 듯 여겨 참고
지나치지 못하여 반드시 칼에서 떠나고 침을 뽑아내
버려야 한다. 이렇게 하는 것이 진정한 자기를 위하
는 마음이니 능히 자신을 이겨 나가야 한다. 지금 그
대는 도적을 자식처럼 잘못 알고 있다. 그러니 어떻
게 자기를 위하는 마음을 가지고 있으면서 자기를 이
겨 내지 못하는 것이라 할 수 있겠는가?

1-7.
성인의 학문이 도교나 불교보다
간결하고 크다

소혜는 도교와 불교를 좋아했는데, 양명 선생께서는
그것을 경계하셨다. 선생께서 소혜에게 말했다.

양명 나도 어려서는 도교와 불교에 뜻을 크게 두었었
다. 또 스스로 꽤 터득한 것도 있다고 생각해서 유학
은 오히려 배우기에 충분치 않다고 여기기도 했다.
그런데 삼 년간의 변방 유배 생활을 통해 성인의 학
문이 이처럼 간결하고 크다는 걸 알게 되면서 이전까
지 삼십여 년간 엉뚱한 데 힘을 쓴 것을 탄식하였다.
대체로 도교와 불교도 오묘한 점에 있어서는 성인의
학문과 약간의 차이가 있을 뿐이다. 그대가 지금 배
우는 것은 약간의 흙먼지에 불과한 것인데, 그것을
그처럼 믿고 좋아하는 것은 올빼미가 썩은 쥐를 훔치

는 것 같은 일에 지나지 않는다.

<u>소혜</u> 선생님, 도교와 불교의 오묘한 점에 대해 알기를 원합니다.

<u>양명</u> 지금까지 그대에게 도교와 불교에서 빠져나와 성인의 학문에서 간결하고도 큰 깨달음을 얻었음을 얘기했는데, 그대는 내가 깨달은 것을 묻지 않고 내가 후회한 것을 묻는구나.

소혜가 당황하여 급히 사죄하며, 다시 성인의 학문에 관해 알기를 청하였다.

<u>양명</u> 지금 그대는 급해서 인사치레로 묻는 것일 뿐이다. 그대가 진실로 성인되기를 바라는 마음으로 묻거든 대답해 주겠다.

소혜는 거듭 양명 선생께 사죄하며 성인의 학문에 관해 여쭈었다.

<u>양명</u> 지금껏 그대에게 한마디 말로 일러주었건만, 아직 스스로 깨닫지 못하는구나.

1-8.
오이맛을 알고 싶으면
오이를 먹어 보아야 한다

유관시劉觀時와 서애徐愛 등 여러 제자들이 양명 선생을 모시고 이야기를 나누던 중 유관시가 미발지중未發之中에 관해 질문을 던졌다.

유관시 감정이 아직 발동하지 않는 중[未發之中]의 상태라는 게 대체 어떠한 상태를 말하는 것입니까?
양명 그대가 만일 다른 사람이 보든 안 보든 스스로 몸가짐을 삼가고, 듣든 못 듣든 조심한다면 마음은 순수한 천리天理가 될 것이다. 그렇게 된다면 자연히 알게 된다.

유관시는 물러서지 않고 거듭 따져 물었다.

<u>유관시</u> 미발지중이 끝내 설명될 수 없는 것이라면 그 것이 어떻게 실천될 수 있겠으며, 설혹 실천해도 그 것이 중의 상태인지 어떻게 알겠습니까? 저는 미발 지중에 관해 더 구체적이고 분명한 말씀을 원합니다.

<u>양명</u> 그렇지 않다. 벙어리는 쓴 오이를 먹어도 그 맛을 그대에게 말해 줄 수 없다. 그대가 그 쓴맛을 구체 적이고 분명하게 알고자 한다면 반드시 <u>스스로</u> 오이 를 먹어 보지 않으면 안 된다.

이때 곁에서 둘의 대화를 듣고 있던 서애가 말했다.

<u>서애</u> 스스로 오이를 먹어야 알게 되는 그것이 바로 참된 앎이자 또한 그 자체로 실천인 것입니다.

이때 그 자리에 있던 여러 친구들이 단번에 어떤 깨 달음을 얻었다.

1-9.
마음이 성성하게 깨어 있어야 한다

소혜가 삶과 죽음의 원리에 관해 물었다. 선생께서 대답하셨다.

<u>양명</u> 낮과 밤을 알면 삶과 죽음의 원리도 알게 된다.

소혜는 다시 낮과 밤의 원리에 대해 물었다. 선생께서 대답하셨다.

<u>양명</u> 낮을 알면 밤을 알게 된다.

다시 소혜가 물었다.

<u>소혜</u> 낮을 모르는 사람도 있습니까?

양명 선생께서 물었다.

양명 그대는 낮을 아는가? 멍청히 일어나고, 우물우물 밥을 먹고, 행동거지는 흐리멍덩하고, 몸에 익히는 일에는 제대로 살필 줄 모르고, 하루 종일 뿌옇게 어릿어릿하다면 그것은 한낮에도 꿈꾸고 있는 것에 불과하다.

소혜 좀더 설명해 주시기를 바랍니다.

양명 한 번 숨 쉬는 동안에도 마음을 기르고 한 번 눈 깜빡이는 동안에도 마음을 보존해야 한다. 이 마음이 성성惺惺하게 깨어 있어야 하고 밝게 빛날 수 있어야 한다. 그래야 천리가 나에게서 단 한순간도 끊기는 일이 없게 된다. 이렇게 된다면 낮을 잘 안다고 할 수 있다.

1-10.
나의 단점을 공격하는 사람이
나의 스승이다

주도통 아직도 주자朱子와 육상산陸象山의 학설에 관한 논변이 끊이지 않습니다. 이럴 때면 늘 저는 붕우朋友들에게 이렇게 말합니다. "지금 세상에 바른 학문이 사라진 지 오래됐지만, 그렇다고 마음과 정력을 부질없이 주자와 육상산의 학설을 분별하는 데 쏟아부을 필요는 없다. 나는 양명 선생께서 말씀하셨던 것처럼, '뜻을 세우라'는 간단한 말로 배워 나가야 한다고 생각한다. 만약 어떤 사람이 결과적으로 그 자신의 뜻에 대해 잘 분별하게 되고, 그럼으로써 이 학문을 추구하려고 결심을 하게 된다면, 이미 대략은 분명히 알게 된 것이다. 이럴 수 있다면 설혹 주자와 육상산의 학설을 분별하지 못한다 해도 그는 스스로 깨달을 수가 있게 될 것이다."

또 일찍이 붕우들 가운데에는 누군가 선생님의 이론을 말하면 바로 성을 내는 사람도 있었습니다. 주자와 육상산이 후세에 어지러이 논의할 근거를 남겨 놓았다는 것은 역시 두 사람의 공부가 순수하게 잘 익지 못했음을 보여 주는 것입니다.

하지만 정명도程明道 같은 분은 그런 폐단이 없었습니다. 정명도는 오섭례吳涉禮와 왕안석王安石의 학문을 논하면서 이렇게 말했습니다. "나를 위해서라도 이 말을 모두 왕안석에게 전해 주시오. 만일 그에게 유익한 일이 되지 못한다면 반드시 나에게 유익한 일이 될 것이오." 정명도의 기상은 과연 여유가 있습니다. 일찍이 저는 선생님께서도 이 말을 인용하시는 걸 본 적이 있습니다. 아울러 저의 붕우들도 모두 이렇게 되기를 바랍니다.

양명 지금 그대가 논한 모든 말은 전적으로 내 생각과 같다네. 논의가 매우 옳으니, 바라건대 그대가 두루 제군들에게 알려 주면 좋겠네. 우리 각자는 그저 자신들의 옳고 그름이나 생각할 일이지, 공연히 주자와 육상산의 옳고 그름 따위를 논변할 필요가 없다네. 말로써 다른 사람을 비방하는 것은 그 비방이 얕다네. 하지만 몸소 실천하지 못하면서 헛되이 듣는 대로 떠들어 버리게 되면 이는 몸으로써 비방하는 것이어서 그 비방은 깊고 심각해진다네.

세상에서 내 학설을 논변하는 사람들의 논리 가운데 진실로 내가 취할 만한 좋은 것이 있다면 이것은 모두 나를 갈고닦아 주는 것이라 할 수 있네. 나로서는 경계하고 두려워하며 수양하고 성찰하여 한층 더 덕을 발전시키는 지반이 될 것일세. 옛사람이 말하기를 "나의 단점을 공격하는 사람이 바로 나의 스승이다" 라고 하였네. 스승이라면 또 어찌 그를 미워할 수 있겠는가?

타고난 것[生]을 가리켜 본성[性]이라고 하네. 그런데 태어난 것은 이미 기氣이니 기가 바로 본성인 셈이지. 정명도가 '사람은 태어나면서 고요한데, 그 이상은 논의를 용납지 않는다. 본성은 말로 하게 되면 이미 본성이 아니다'라고 말했는데 이것이 정확히 이런 의미에서의 본성을 가리킨 것이네.

맹자께서 "본성이 선하다"[性善]라고 말할 때, 이 말은 본원상에서 말하고 있는 것이라네. 그러나 성선性善의 단서는 반드시 기의 작용을 통해서만 비로소 볼 수 있다네. 만약 기가 없다면 우리는 성선을 직접 확인할 수가 없다는 말이네. 예컨대 우리는 다른 사람의 불행에 공명하는 측은지심惻隱之心, 부끄러움을 견딜 수 없는 수오지심羞惡之心, 순서와 질서를 존중하는 사양지심辭讓之心, 옳고 그름을 판단하는 시비지심是非之心 등과 같은 기운을 통해 성선의 단서를 확인할 수 있다네. 그래서 정명도는 이렇게 말했지. "본성을 논하면서 기를 논하지 않으면 불완전한 것이고, 기를 논하면서 본성을 논하지 않는다면 분명하지 않은 것이 된다." 역시 공부를 하는 사람은 각자 어느 한 편만을 알기 때문에 이렇게 말했을 것이네. 만약 자기의 본성을 분명히 알게 된다면, 기가 바로 본성이고 본성이 바로 기여서 이 둘이 서로 나누어질 수 없다는 걸 알게 될걸세.

1-11.
순임금은 최고의 불효자다

마을 사람 가운데 아버지와 아들 사이에 소송을 제기한 이들이 있었다. 그들은 양명 선생께 판결을 요청했는데, 시중드는 사람들이 그들을 막고자 했지만 양명 선생께서는 그들의 호소를 들어주었다. 한참 후 그들 부자는 선생의 말이 채 끝나기도 전에 서로 부둥켜안고 통곡을 하면서 돌아갔다.
시명치柴鳴治가 들어와 물었다.

시명치 저들에게 무슨 말씀을 하셨길래 그토록 빨리 감동시켜서 뉘우치게 하셨습니까?

선생께서 말씀하셨다.

<u>양명</u> 나는 순舜임금이 세상에서 가장 불효한 자식이며, 그의 아버지 고수瞽瞍가 세상에서 가장 자애로운 아버지였다고 말해 주었다.

시명치는 깜짝 놀라서 좀더 자세한 가르침을 청했다. 그러자 양명 선생께서 말씀하셨다.

<u>양명</u> 순임금은 늘 자신이 가장 불효한 사람이라고 생각했기 때문에 지극한 효를 행할 수 있었다. 하지만 고수는 늘 자신이 가장 자애로운 사람이라고 생각했기 때문에 자애로울 수가 없었던 것이다. 고수는 자기가 순을 어렸을 때부터 키운 것만을 기억하여 지금은 어찌하여 순이 자기를 기쁘게 해주지 않는가라고 생각하였다. 자신의 마음이 이미 후처後妻에게로 옮겨 간 것을 알지 못하고, 오히려 자신은 여전히 자애롭다고 여겼기 때문에 더욱더 자애로울 수가 없었다. 이에 반해 순임금은 오직 아버지가 어린 시절 자신을 돌봐줄 때 얼마나 사랑해 주었는가만를 생각하였다. 때문에 아버지가 지금의 자신을 사랑하지 않는 것은 오직 자신이 효도를 다하지 못했기 때문이라고 여겼다. 이렇듯 순임금은 날마다 자신이 효도를 다하지 못한 이유만을 생각했기에 더욱더 효도할 수 있게 된

것이다.

훗날 순임금의 진심을 알게 된 아버지 고수는 마침내 진실로 기뻐하게 되었는데, 그것은 고수가 비로소 자기 마음이 본래 가지고 있던 자애로움의 본체를 회복했기 때문이었다. 이 때문에 후세에 순임금은 고금을 통해 가장 효성스런 자식으로 일컬어지게 되었고, 고수는 또한 자애로운 아버지가 될 수 있었다.

1-12.
거리에 가득 찬 사람이 모두 성인이다

양명 선생께서는 사람을 단련시킬 때 한마디 말로 사
람을 아주 깊이 감동시키는 일이 많았다.
어느 날 왕간王艮이 유람을 나갔다가 돌아오자, 양명
선생께서 물으셨다.

양명 유람하면서 무엇을 보았는가?
왕간 거리에 가득 찬 사람들이 모두 성인임을 보았습
니다.
양명 그대가 보기에는 거리에 가득 찬 사람들이 성인
이지만, 거리에 가득 찬 사람들이 보기에는 도리어
그대가 성인이었을 것이다.

또 다른 날에는 동라석董羅石이 유람을 나갔다 돌아와

서 선생을 뵙고 말했다.

동라석 오늘 이상한 일을 보았습니다.

양명 선생께서는 무슨 이상한 일을 보셨습니까?

동라석 거리에 가득 찬 사람들이 모두 성인임을 보았습니다.

양명 이상하지 않습니다. 이 또한 평범한 일입니다. 어찌 이상한 일로 여길 수 있겠습니까?

아마도 선생께서는 왕간의 날카로운 성격이 아직 융통성이 없다는 점과 동라석이 이즈음 어렴풋하게나마 막 깨달아 가는 중이었다는 점 등에 따라 각기 다른 대답을 주신 듯하다. 요컨대 두 사람의 물음은 같았고 이에 대한 대답은 서로 달랐지만, 돌이켜 보면 이는 모두 그들의 말을 되돌이켜서 앞으로 나아가게 해준 가르침이었다.

나전덕홍는 황홍강黃弘綱·장원충張元沖·왕기 등과 병술년丙戌年 1526 회시回試를 보러 갔다 돌아와서 선생님께 말했다.

전덕홍 돌아오는 길에 선생님의 학문을 강의했는데,

그중에는 믿는 자도 있었지만 믿지 않는 자도 있었습니다.

그러자 양명 선생께서 말씀하셨다.

양명 아마도 그대들은 성인이 된 것처럼 다른 사람에게 학문을 강의했을 것이다. 그 사람들은 그대들을 성인이라고 여겼을 것이고 그래서 모두 달아나 버렸을 테니, 이래서야 어떻게 제대로 된 강학講學을 할 수 있겠는가? 반드시 평범한 사람이 될 수 있어야 비로소 사람들에게 학문을 강의할 수 있다.

전덕홍 오늘날 인품의 높고 낮음을 판단하는 건 쉬운 일입니다.

양명 어떻게 그러한 것을 볼 수 있는가?

전덕홍 선생님 같은 경우 마치 태산이 앞에 있는 것과 같습니다. 그런데도 만약 우러러볼 줄 모르는 자가 있다면 그 사람은 분명 안목이 없는 사람입니다.

하지만 선생은 천천히 고개를 가로저으며 말했다.

양명 그렇지 않다. 태산은 평지만 못하다. 평지에 무슨 눈에 띌 만한 것이 있겠는가.

이날 선생님의 마지막 한마디는 사람들이 평생을 지녀 온, 겉으로 우뚝 두드러지고 싶어하는 병을 단번에 잘라내고 깨뜨렸다. 함께 자리에 앉아 있던 사람들 중에 감히 두려워하지 않는 자가 없었다.

1-13.
즉문즉설— 함께 묻고 답하다

양명 선생이 말했다.

양명 학문을 이루려면 반드시 핵심되는 요령을 터득
해야 공부가 실제 삶과 착착 맞아떨어질 수 있다. 비
록 끊어지는 순간이 없을 수야 없겠지만, 배에 키가
있는 것처럼 한 번 잡으면 곧 깨어나게 될 것이다. 요
령을 잡지 못하면 비록 학문에 종사하더라도 오직
'자그마한 옳은 일을 하고 그것을 따라 곧 결과를 취
하려는 것'이 되어, 다만 '행해도 드러나지 않고, 배워
도 알지 못하는' 결과가 되고 만다. 그것은 학문의 근
본도리가 아니다. 핵심 요령을 터득한다면 비록 횡설
수설하더라도 끝내는 모두 옳게 된다. 만약 여기서는
통하고 저기서는 통하지 않는다면 이것은 아직 요령

을 알지 못한 것이다.

옆에 모시고 있는 한 학인이 물었다.

__학인__ 저는 진정한 학문을 하는 한편으로 부모님을 봉
양하기 위해 과거 공부를 준비해야 하는 점이 괴롭습
니다.

__양명__ 부모를 봉양하기 위해 과거 준비를 하는 것이
학문하는 데 장애가 된다면 농사를 지어 그 부모를
봉양하는 것도 역시 학문에 장애가 되는가? 선현께
서는 "오직 뜻을 빼앗길까 걱정이다"라고 하셨다. 오
직 학문을 이루겠다는 뜻이 참되고 절실하지 못할까
를 두려워해야 한다.

곁에 있던 구양숭일九陽崇一이 물었다.

__구양숭일__ 보통 제 마음은 너무 바쁩니다. 일이 있으면
당연히 바빠야 하겠지만 일이 없는데도 바쁩니다. 어
째서입니까?

__양명__ 천기의 기운은 원래 잠시도 쉬지 않는다. 일정
하게 조율하고 조정하는 주재자가 있기 때문에 앞서
지도 뒤처지지도 않으며, 천만 가지 변화에도 자유자

재한 것이다. 주재자는 이렇듯 언제나 한결같다. 사람도 마찬가지다. 사람에게 일정한 주재자가 안정되어 있다면 천지간 기운이 움직이는 것처럼 쉬지 않고 자연스러울 수 있을 것이다. 하지만 주재자가 없다면 그 기운이 멋대로 망동할 텐데 어떻게 바쁘지 않을 수 있겠는가?

잠시 후 양명 선생이 사람들을 보며 다시 말했다.

<u>양명</u> 학문하는 데 큰 병폐는 명성을 좇으려는 마음에 있다.

그러자 설간이 대답했다.

<u>설간</u> 작년부터 저는 그러한 병폐가 이미 가벼워졌다고 여겨 왔었습니다. 요즘 와서 자세히 살펴보니 비로소 전혀 그렇지 못함을 알게 되었습니다. 그것이 어찌 반드시 밖으로 사람들에게 칭찬을 받으려 힘쓰는 것뿐이겠습니까? 칭찬을 들으면 속으로 기뻐하고 비난을 들으면 속으로 번민하는 것이 이미 그러한 병폐가 시작되는 것이 아닐지 싶습니다.

<u>양명</u> 바로 그렇다. 이름은 실질과 전적으로 대립될

뿐이다. 실질에 힘쓰는 마음이 한 푼 무거워지면 이름에 집착하는 마음이 한 푼 가벼워진 것이다. 전적으로 실질에만 마음을 쓴다면 당연히 이름에 집착하는 마음은 사라지게 된다. 만일 실질에 마음 쓰기를 마치 굶주린 사람이 먹을 것을 구하고 목마른 사람이 마실 것을 구하는 것처럼 한다면, 어찌 다시 이름에 집착할 틈이 있겠는가?

옛말에 "군자는 죽은 뒤에 자기 이름이 칭송되지 않는 것을 싫어한다"고 했다. 이때 '칭송되지 않으면'이라는 구절은 정확히 말해 '이름과 실질이 일치하지 않으면'이라는 의미이다. 즉 그 이름과 실질이 일치하지 못한 삶에 대해 경계하신 말씀인 것이다. 이것은 또한 맹자께서 "이름이 실질보다 지나치면 군자는 그것을 부끄러워한다"고 하신 말씀과 뜻이 통한다.

실질과 이름이 일치하지 않을 때를 두려워해야 한다. 그나마 살아 있는 동안에는 보완하려고 노력이라도 할 수 있지만, 죽어 버리면 그럴 기회조차 가질 수 없기 때문이다.

1-14.
주자 만년의 후회에 관하여

사덕士德이 물었다.

사덕 격물格物에 관한 설명은 선생님께서 가르쳐 주
신 바와 같이 명백하고 간명해서 사람마다 체득할 수
있게 되었습니다. 그런데 주자는 빼어나게 총명한 분
인데 이 부분에 관해서는 깊이 살피지 못했으니 그
이유가 무엇입니까?

선생께서 말씀하셨다.

양명 주자는 정신과 기백이 위대하여 젊었을 때 이
미 학문의 전통을 계승하여 후세 학자들을 위해 그것
을 전하고자 하였다. 그러므로 주자는 줄곧 고찰하고

저술하는 데 공을 들였다. 주자가 자신으로부터 먼저 절실히 수양했다면 자연히 그 밖의 것에 미칠 겨를이 없었을 것이다. 자신의 덕이 성대해진 뒤에 참으로 이 세상에 진실된 도가 밝혀지지 못할까봐 걱정했다면, 이것은 마치 공자가 나이 든 연후에 '육경'六經 편찬 작업을 통해 보여 주었듯 번잡한 것들을 간략히 삭제하여 다가오는 후학들에게 길을 열어 준 것처럼 되어, 그처럼 심하게 고찰하는 곳에서 낭비되지 않았을 것이다. 주자는 젊은 시절부터 많은 책을 저술하였지만 만년에는 오히려 그 일들을 후회했다. 이것은 일이 거꾸로 되어 버린 것이다.

사덕이 말했다.

<u>사덕</u> 주자가 만년에 후회했다는 말씀은 예컨대 "이전에 정본定本으로 삼은 것의 착오이다"라는 대목, 그리고 "내 학문은 책 속에서 진리를 찾고 언어에 얽매여 있는 것과는 무관하다"라는 대목 등을 가리킵니다. 그렇다면 만년의 주자는 이전까지의 자기 공부가 잘못되었음을 후회하고, 자기 자신을 절실하게 수양하는 데로 나아간 것입니까?

선생께서 말씀하셨다.

<u>양명</u> 그렇다. 이것이 바로 보통 사람들이 주자에게
함부로 미치지 못할 부분이다. 주자의 능력은 위대
하다. 하여 그는 한 번 후회하는 순간 곧 크게 전환되
었다. 하지만 애석하게도 주자는 그러고 오래지 않아
세상을 떠나 버렸다. 이런 이유로 미처 지난날의 잘
못들을 모두 다 바로잡을 수는 없었다.

1-15.
공자의 인과 묵자의 겸애는
어떻게 같고 다른가

육징陸澄이 물었다.

육징 정명도는 "어진 자는 천지 만물을 한몸으로 여긴다"고 했습니다. 이 말에 따르면 인仁도 결국에는 천지 만물과 하나가 되는 것이니 묵자의 겸애兼愛와 차이가 없게 되는 것 아니겠습니까? 그런데 어째서 묵자가 말한 겸애는 '인'仁이라고 말할 수 없습니까?

선생께서 말씀하셨다.

양명 공자의 인과 묵자의 겸애는 역시 말하기가 매우 어려운 주제다. 결국엔 반드시 그대가 몸소 체인體認하는 수밖에 없다.

무릇 인은 자연의 조화가 끊임없이 낳고 낳는 생명의 이치이다. 비록 퍼져서 두루 편재하여 이것 아닌 것이 없다고 하더라도, 그것이 유행하고 발생하는 것은 다만 점진적이다. 그래서 끊임없이 태어나고 또 태어난다고 말한다. 예를 들면 한겨울인 동지冬至날에 이르면 하나의 양陽이 생기는데, 반드시 하나의 양이 생긴 뒤에야 차츰 전체 괘 모두에 여섯 개의 양陽이 차게 된다. 만약 처음 하나의 양이 생기지 않았다면 어떻게 여섯 개의 전체 양이 있을 수 있겠는가. 음陰도 마찬가지이다. 오직 점진적이기 때문에 하나의 발단처가 있다는 것이고, 발단처가 있기 때문에 다음의 탄생이 이루어지며, 생명이 이어지기 때문에 끊임이 없다.

이것을 나무에 비유해 보자. 처음에 싹이 돋는 것은 나무의 생명 의지가 발단된 것이다. 싹이 돋은 뒤에는 줄기가 나온다. 줄기가 나오면 이어 가지와 잎이 생기고, 가지와 잎이 생기고 나면 이후 끊임없이 낳고 낳는 생명의 작용이 이어진다. 만약 처음에 싹이 없었다면 어떻게 줄기가 생기고 가지와 잎이 생길 수 있었겠는가.

그런데 싹이 돋아났다는 것은 비록 보이지는 않아도 그 아래에 반드시 뿌리가 있다는 걸 의미한다. 뿌리가 있어야 살고, 뿌리가 없으면 곧 죽는다. 뿌리가 없다면 어디서 싹이 돋아나겠는가. 이를 육친 관계 안에서 살펴보면, 부모 자식의 관계나 형제끼리의 사랑은 바로 사람 마음의 생명이 발단하는 곳이라 할 수 있다. 다시 말해 나무가 싹을 틔우는 것과 같은 것이다. 백성을 어질게 대하고 사물을 사랑하는 것은 곧 줄기가 나오고 가지와 잎이 생기는 것과 같다.

묵자의 겸애는 차별이 없기 때문에, 자신의 부모와 자식 혹은 형제 등을 길거리의 사람들과 똑같이 여긴다. 이것은 스스로 발단처를 없애 버리는 것과 같다. 아까 얘기로 말해 보자면 스스로 싹이 틀 여지를 없애 버린 것이고, 싹이 트지 않으니 그것은 뿌리가 없는 것임을 알 수 있다. 다시 말해 그것은 끊임없이 낳고 낳는 생명의 활동이 아닌 것이다. 이런 것을 어떻게 인仁이라고 말할 수 있겠는가. 『논어』는 효제孝悌를 '인을 행하는 근본'이라고 했다. 그 안에서 인의 이치가 생겨난다.

1-16.
주자와의 차이에 대하여

붕우들 중에는 책을 보면서 주자를 꼬집어 비난하는 이들이 많았다. 우연히 이 광경을 본 양명 선생께서는 붕우들을 모아 놓고 이렇게 말씀하셨다.

양명 주자와 나를 비교해 차이를 밝히고, 그 차이를 이유로 주자를 비난하는 것은 특이함을 추구하는 마음이어서 옳지 않다. 물론 나의 학설은 주자와 같지 않을 때가 있다. 하지만 이것은 주자와 다른 점을 찾고자 해서 그렇게 된 것이 아니다. 입문하여 착수하는 곳에서는 털끝만 한 차이였지만 이후 천 리나 되는 엄청난 차이를 가져올 수 있기 때문에 따지지 않을 수 없었던 것뿐이다. 일찍이 나의 마음과 주자의 마음은 달랐던 적이 없다. 주자가 밝혀 주었기에 글의 의미가 분명해지고 타당하게 해석되는 곳에서 어떻게 한 글자라도 움직일 게 있겠는가?

1-17.
학문은 나무 기르는 일과 같다

나무를 심는 사람은 반드시 그 뿌리를 북돋아 주어야 하고, 덕을 심는 사람은 반드시 그 마음을 길러야 한다. 나무가 크게 자라기를 바란다면 반드시 처음 생장할 때 번잡한 가지를 잘라 주어야 하고, 덕이 왕성해지기를 바란다면 반드시 처음 배울 때 외부의 흥밋거리를 제거해야 한다. 예컨대 겉으로 자신을 드러내는 시나 문장 짓는 일들을 좋아하게 되면, 정신이 하루하루 시나 문장 짓는 데로 새어 나가 버린다. 모름지기 갖가지 바깥의 흥밋거리들이 전부 그러하다.

지금 여기에서 내가 학문을 논하는 것은 무無에서 유有를 낳는 공부이니, 그대들은 반드시 그것을 믿어야 한다. 중요한 건 오직 뜻을 세우는 데 있다. 학문하는 사람이 한결같이 선을 행하려는 뜻을 가져야 한다.

이것은 마치 나무를 심은 것과 같으니, 조장助長하지도 말고 잊어버리지도 말며 오직 북돋아 주면서 자라도록 하면 된다. 그렇게 된다면 저절로 밤낮으로 자라나고, 생기도 나날이 충만해져서, 가지와 잎이 갈수록 무성해질 것이다. 나무가 처음 생장할 때, 번잡한 가지들은 반드시 잘라 줘야 한다. 그래야만 뿌리와 줄기를 크게 자라게 할 수 있다. 처음 학문할 때도 마찬가지다. 뜻을 세우기 위해서는 오직 한 가지에 집중해야 한다.

1-18.
도(道)란 곧 우주다

육징이 물었다.

육징 선생님 도는 하나입니까?

양명 선생께서 대답하셨다.

양명 그렇다. 도는 하나일 뿐이다.

육징이 다시 물었다.

육징 그렇다면 옛 사람이 도를 논한 것이 종종 같지 않은 것은 어째서 그렇습니까? 도를 구하는 데도 어떤 요점이 있습니까?

선생께서 대답하셨다.

양명 아니다. 도에는 일정한 방향과 형체가 없기 때문에 집착해서는 안 된다. 책을 읽는 자들은 종종 문장의 의미에 구애되어 책 속에서 도를 구하려고 하기 때문에 도리어 도에서 멀어지곤 한다.

예를 들어 말해 보자. 요즘 사람들이 이 세상에 대해 뭐라 말하고는 있지만, 그들이 어찌 진짜 세상을 이해한 적이 있었겠는가? 그들은 그저 해와 달, 바람과 우레 등을 떠올리며 그것이 곧 자연이고 이 세상이라고 말하는 것이다. 하지만 그렇게 말해서는 옳지 않다. 물론 사람과 사물, 풀과 나무 등은 이 세상과 동떨어진 것이 아니며, 그렇기 때문에 이 세상의 일이 아니라고 말해도 또한 옳지 않을 것이다.

도라는 것은 바로 지금 말한 의미에서의 이런 세상 같은 것이다. 그렇다면 지금 내가 하는 이 말 뜻을 잘 알아차린다면 어디를 간들 도가 아니겠는가? 사람들은 그저 각자 이해하는 한 부분만을 전부라고 생각하고는 도라는 것도 단지 그와 같다고 단정하곤 한다. 이런 까닭에 오히려 도를 이해할 수 없게 되어 버린다. 하지만 누구든 자기의 내부를 탐구할 줄 알아서 스스로 가진 마음의 본체를 깨달을 수 있게 된다면,

세상에는 언제 어디서든 이 도가 아닌 것이 없게 될 것이다. 그렇게 된다면 예로부터 지금까지 끝도 없고 시작도 없게 된다. 시작도 없고 끝도 없는데, 다시 또 어떠한 같고 다름이 있을 수 있겠는가? 이런 이유로 내가 늘 말하는 것처럼, 마음이 곧 도이고, 도는 곧 우주다. 마음을 알면 도를 알 수 있고, 도를 안다는 것은 세상을 즉 우주를 아는 것이다.

잠깐 숨을 돌린 후 선생께서 또 말씀하셨다.

양명 그대들이 이 도를 실제로 보고자 한다면 어떻게 해야 할까? 반드시 자기 마음으로부터 구체적으로 체득하여야 하고, 내 마음 밖에 달리 무슨 대단한 게 있을 거라는 생각을 버려야 한다. 그렇게 밖에서 구하는 데 의존하지 않을 수 있을 때라야 이 도를 깨닫는 것이 비로소 가능해진다.

1-19.
성인은 스스로 낮추지 않는다

육징이 물었다.

<u>육징</u> 정자程子는 "성인의 도는 반드시 스스로를 낮추며, 현명한 인물의 말은 스스로를 높인다"고 말했습니다. 이 말은 어떻습니까?

선생께서 대답하셨다.

<u>양명</u> 그렇지 않다. 그렇게 하는 건 오히려 위선이다. 성인은 마치 하늘과 같다. 어디를 가더라도 하늘 아닌 것이 없기 때문이다. 해와 달과 별이 떠 있는 저 너머도 하늘이고, 층층이 쌓인 지하 세계 너머도 하늘이다. 이 모든 게 하늘인데 하늘이 언제 자신을 끌어

내려 스스로를 낮춘 적이 있었는가. 이것이 『맹자』가
말한 '위대한 변화'의 의미이다.

한편 현명한 인물은 마치 산악과 같아서 그 높이를
지킬 따름이다. 하지만 그렇다고 해서 백 길의 높이
를 끌어올려 천 길이 되게 만들 수도, 천 길의 높이를
끌어올려 만 길이 되게 만들 수도 없다. 요컨대 현명
한 인물들은 자신을 끌어올려 스스로를 높이지 않는
다. 억지로 끌어올려 자신을 높인다면 그것이야말로
오히려 위선이기 때문이다.

1-20.
부족함을 느끼는 공부와
남는 것을 느끼는 공부

붕우들이 학풍에 대해 논의하는 중에 어떤 사람은 마음을 기르는 공부에 치중하고, 어떤 사람은 지식과 견문에 치중한다는 말이 나왔다. 양명 선생이 우연히 이 말을 듣고 말씀하셨다.

양명 전적으로 마음을 기르는 데 충실한 사람은 나날이 자신의 부족함을 보게 될 테지만, 전적으로 지식과 견문에 치중한 사람은 나날이 남는 것을 보게 될 것이다. 부족함을 보는 사람은 갈수록 넉넉해지고, 남는 것을 보는 사람은 갈수록 부족해질 것이다.

1-21.
학문하는 법

사람들에게 학문하는 것을 가르칠 때는 어느 한쪽에 집착해서는 안 된다. 배움이 처음 시작될 때는 마음이 원숭이처럼 들쭉날쭉하고 뜻이 말처럼 치달리기 때문에 차분하게 붙들어 맬 수 없다. 또 생각하는 내용도 대부분 사사로운 욕심에 치우쳐 있기 쉽다. 이럴 때엔 우선 정좌靜坐를 가르쳐 생각을 멈추게 해야 한다.

시간이 지나 그들의 마음과 뜻이 어느 정도 안정될 때까지 기다린다. 하지만 그저 고요함만을 지키는 방식으로는 마른나무나 꺼진 재와 같아서 역시 쓸모가 없다. 이럴 땐 반드시 반성하고 살펴서 사욕을 제거하는 공부를 가르쳐야 한다.

반성하고 살펴서 사욕을 제거하는 공부는 잠시라도

방심할 수 없고 방심해서도 안 된다. 그것은 마치 도둑을 몰아내는 것처럼 말끔하게 쓸어 내려는 의지가 있어야 한다. 평소 아무 일도 없을 때를 통해, 여색을 좋아하고 재물을 좋아하고 명예를 좋아하는 등등의 삿된 욕망들을 하나하나 찾아내고, 반드시 병의 근원을 뽑아 내며, 다시는 재발하지 않게 해야만 비로소 완쾌되는 것이다.

비유하자면 고양이가 쥐를 잡는 것과 같다. 언제나 정신을 집중하여 눈으로 살피고 귀로 들어서 한 생각의 싹이 발동하자마자 곧바로 제거해야 한다. 못을 끊고 쇠를 자르듯 단호하게 해야 한다. 잠시 방편으로라도 허용해서는 안 되며, 몰래 간직해서도 안 되며, 또한 그것에 도망갈 출구를 내주어서도 안 된다. 그래야만 비로소 참되고 착실한 공부이다. 바야흐로 말끔하게 쓸어 낼 수 있어서 극복할 사사로움이 없게 되어서야 자연히 팔짱끼고 앉아 있을 수 있게 되는 것이다.

성인의 말씀에는 비록 '무엇을 생각하고 무엇을 염려하리오'라고 말하는 대목이 있기도 하다. 하지만 이것은 학문을 시작하는 사람들이 배울 일은 아니다. 처음 학문을 시작할 때는 반드시 성찰하고 자기를 이겨 다스릴 것을 생각해야 한다. 이것이 곧 정성스럽

게 생각함이다. 오직 하나의 순수한 천리天理만을 생
각하여 천리가 온전히 이르게 된다면 이것이 바로
'무엇을 생각하고 무엇을 염려하겠는가'의 경지인 것
이다.

1-22.
육징이 도의 정밀함과 거칢에 관해 묻다

육징이 양명 선생을 찾아와 도의 정밀함과 거칢에 관해 물었다. 선생께서 대답하셨다.

<u>양명</u> 도에는 정밀하고 거친 것의 구별이 없다. 다만 사람들의 견해에 정밀하고 거친 것의 구별이 있을 뿐이다.

예를 들어 말해 보겠다. 지금 이 한 칸의 방 안에 사람이 들어오면 처음엔 그저 하나의 커다란 규모만 보인다. 그러나 방에 조금씩 머물기 시작해 시간이 지나면 이제는 기둥이나 벽 같은 것들이 하나하나 분명하게 보이기 시작한다. 아마 더욱 오래되면 기둥 위의 무늬 같은 것들까지 세밀하게 모두 보아 내게 될 것이다.

하지만 이 모든 게 다만 한 칸의 방일 뿐이다.

1-23.
아이가 아파 마음이 괴로운 지금이야말로 공부할 적기!

내육징가 홍려시鴻臚寺에 잠시 머물 때였다. 어느 날 갑자기 집에서 편지가 도착했는데, 아이가 병에 걸려 위급하다는 소식이 실려 있었다. 편지를 받고 난 후 내 마음은 매우 근심스럽고 번민에 휩싸여 감당할 수 없었다. 나는 양명 선생을 찾아가 자초지종을 말하고 도움을 청했다. 그런데 선생께서는 내 이야기를 주의 깊게 들으신 후 뜻밖의 말씀을 당부하셨다. 선생께서는 이렇게 말씀하셨다.

<u>양명</u> 지금 같은 이런 때야말로 바로 공부를 해야 할 때다. 만약 이런 때를 놓쳐 버린다면 여유롭고 한가할 때 하는 강학이 무슨 쓸모가 있겠는가? 사람은 바로 이와 같은 때 연마해야 한다.

나는 예상치 못한 양명 선생의 말씀에 깜짝 놀랐다. 그 말씀이 너무 의아해서 나는 양명 선생께 다시 물음을 던졌다.

육징 부모 자식 간의 관계는 천리天理가 아닙니까?

양명 선생께서 말씀하셨다.

양명 아비가 자식을 사랑하는 것은 물론 지극한 정情이다. 하지만 천리도 적중하여 조화를 이루는 곳이 있는 법이니, 아무리 천리라도 지나치면 곧 사사로운 뜻이 되고 만다.

지금 자네와 같은 상황에서 사람들은 대부분 마땅히 근심하는 것만을 천리라고 여긴다. 해서 한결같이 그저 근심하고 괴로워하는 데 온마음을 다 쏟아부으면서, '근심하고 걱정하는 것이 있으면 그 바름을 얻지 못한다'는 경전의 말씀은 잊어버린다. 자신이 잊어버리고 있는 것조차 알아차리지 못하니, 이는 슬픔과 번민에 빠져 돌아볼 줄 모르게 되었기 때문이다.

대체로 칠정七情의 느낌은 대부분 지나치는 경우가 많고, 미치지 못하는 경우는 적다. 그런데 지나치자마자 곧 마음의 본체를 잃어버리게 되는 것이므로,

반드시 알맞게 조정해야만 비로소 그 바름을 잃지 않을 수 있다.

가령 부모의 상을 당했다고 해보자. 대부분 사람들 생각에 부모가 돌아가신 마당에 무슨 뒷일을 생각하려 하겠는가? 사람의 자식으로서 어찌 한바탕 죽도록 통곡하여 마음이 후련해지기를 바라지 않겠는가? 하지만 그런데도 성인께서 기어이 "몸이 수척해지더라도 본성을 멸하지 않는다"고 말하신 데에는 이유가 있는 법이다. 오해하지 말아야 할 것은, 이것은 성인께서 억지로 제정한 것이 아니라 천리 본체가 스스로 일정한 한도가 있어서 지나쳐서는 안 되는 것이기에 그렇게 말하는 것이다. 사람이 마음의 본체를 이해하기만 한다면 자연히 조금도 보태거나 덜어낼 수 없을 것이다.

1-24.
일을 추진하고자 할 때에는
의도하거나 고집을 부려서는 안 된다

육징이 물었다.

육징 공자의 문인들이 각각 자신이 품은 뜻을 말한 일을 여쭙습니다. 그때 자로와 염유가 정치 일을 맡고자 하고, 공서화가 예악을 맡고자 했던 것은 어느 정도 실제적인 효용이 있는 일들이었습니다. 하지만 마지막에 증점이 말한 내용은 보기에 따라서는 그냥 노는 듯한 일이었습니다. 그런데도 공자께선 오히려 증점을 인정하셨습니다. 이것은 무엇을 의미합니까?

양명 선생께서 살짝 미소를 지으며 대답하셨다.

양명 자로와 염유와 공서화 등 세 사람의 대답에는 모두 어떤 의도랄까, 혹은 반드시 해야 한다는 고집이 있었다. 이처럼 의도와 고집이 있게 되면 한쪽에 치우치게 되기가 쉽다. 물론 그 덕에 자신들이 생각한 그 방면에서 성취를 하고 능력을 발휘할 수 있을지도 모른다. 하지만 이것을 잘한다고 해서 반드시 저것도 잘할 수 있는 것은 아니다.

증점의 생각은 그에 반해 의도함과 고집함이 없었다. 이것은 곧 '현재의 형편에 따라 행하고 그 밖의 것을 원하지 않는다'는 것이고, '이적夷狄에 처해서는 이적에 알맞도록 행하고, 환난에 처해서는 환난에 알맞도록 행하여 어디를 가든 자득하지 않음이 없다'는 것이다. 앞에서의 세 사람은 일찍이 공자께서 말씀하신 '그릇'에 해당하지만, 증점의 경우는 '그릇이 아니'라는 의미가 깃들어 있다. 그러나 자로와 염유와 공서화 등 이 세 인물의 재주는 또한 각각 탁월하고 우수한 것이다. 이들의 말이 비록 증점에 비해서는 폐단이 있지만, 세상에서 흔히 보게 되는 빈말만 하고 실질이 없는 자들의 말들과는 조금도 같지 않다. 그래서 공자께서는 그들도 역시 인정하셨다.

1-25.
참된 공부는 선을 행하는 데 있다

어느 날 양명은 제자들과 함께 있는 자리에서 근래 공부의 진도가 어떠한지 물었다. 제자들은 잠시 머뭇 거리다 한 사람씩 이야기했다.

첫번째 제자가 자신의 공부가 어느 때는 텅 빈 것 같고 어느 때는 빛이 환하게 드는 것도 같다고 말했다. 그러자 양명은 이렇게 말했다. "그것은 공부의 현상일 뿐이다."

두번째 제자는 옛날의 자기와 지금의 자기가 어떻게 같고 다른지 설명했다. 그러자 양명은 이렇게 대답했다. "그것은 공부의 효험效驗일 뿐이다."

두 친구가 어쩔 줄 모르고 멍하니 있다가 올바른 대답이 무엇인지 물었다. 그러자 양명이 말했다.

<u>양명</u> 우리가 오늘날 공부를 하는 이유는 단지 선을 행하는 마음이 참되고 절실하도록 만드는 데 있다. 자기 마음이 참되고 절실하여 선을 보면 바로 그렇게 되도록 움직이고, 잘못이 있으면 곧 고치도록 되어야만 비로소 참되고 절실한 공부라 할 수 있다. 그렇게 된다면 사사로운 욕심은 날로 사그라지고 참된 이치는 날로 밝아진다. 만약 공부의 현상을 보고 쫓거나 혹은 효험을 얘기하는 데 머문다면 오히려 마음이 밖으로 내달리는 병통을 조장하게 될 것이다. 이런 것은 참된 공부가 아니다.

낭송Q시리즈 동청룡
낭송 전습록

2부
마음이 이치다

2-1.
깊은 산 바위 틈에 홀로 피고 지는 꽃나무

선생께서 남진南鎭 땅을 유람하시는데, 같이 모시고 유람하던 한 친구가 바위 가운데 핀 꽃나무를 가리키며 물었다.

친구 선생께서는 '천하에는 마음 밖의 사물이란 없다'라고 하셨습니다. 그런데 지금 이러한 꽃나무를 보면 깊은 산속에서 저 홀로 피었다 졌다 하고 있습니다. 이 꽃나무가 내 마음과 무슨 상관이 있습니까?

양명 그대가 이 꽃을 보지 못했을 때, 이 꽃은 그대의 마음과 함께 고요한 적막 속에 잠복해 있었다. 그런데 그대가 지금 이곳에서 이 꽃을 보았을 때 이 꽃은 형체와 색깔 등이 일시에 명백히 솟아오른 것이다. 아직 모르겠는가? 지금 이 꽃이 그대 마음 밖에 있지 않음을.

2-2.
마음의 본체가 도심(道心)이다

육징이 물었다.

육징 글을 보아도 이해할 수 없는데 어찌해야 합니까.

선생께서 말씀하셨다.

양명 책을 읽을 때 글자에 집착하여 문자의 의미에만 매달리기 때문에 이해하지 못하는 것이다. 문자의 의미에만 매달려 구하는 것은 오히려 지난 시절 주자와 같은 학문을 하는 것만 못하다. 그때의 사람들은 많은 것을 보고 이해해 나갔기 때문이다. 다만 그들은 학문을 통해 텍스트를 명료하게 이해하긴 했지만, 역시 죽을 때까지 소득이 없었다.

모름지기 반드시 마음의 본체[心體]에서 힘써 노력해

야 한다. 글이 이해되지 않아서 실행할 수 없다면 반드시 돌이켜 자기 마음에서 체득해야 한다. 그러면 곧 통할 수 있게 된다.

대개 '사서'四書나 '오경'五經과 같은 책들은 마음의 본체를 말한 데 지나지 않는다. 이 '마음의 본체'라는 게 이른바 도심道心이라고 말하는 것이다. 즉 이 마음의 본체가 밝아지면 도가 분명해진다. 마음의 본체와 도심은 둘이 아니라는 것, 이것이 학문을 이루게 하는 핵심이다.

2-3.
마음은 맑은 거울과 같다

육징이 물었다.

육징 성인들께서는 변화에 대응하는 것이 무궁무진
합니다. 혹시 미리 앞서서 변화의 이치들에 대해 살
펴보았던 것입니까?

양명 어떻게 그 많은 것들을 미리 연구할 수 있겠는
가? 성인의 마음은 밝은 거울과 같다. 다만 이 하나의
마음이 밝기만 하면 감응感應하여 어떤 사물도 비추
지 않는 것이 없다. 이미 지나가 버린 형상을 남겨 두
지 않으며, 아직 비추지 않은 형상을 미리 갖추고 있
지도 않다. 후세에 이르러 오히려 그렇듯 미리 살펴
보는 일이 이와 같으니, 그 때문에 성인의 학문과 크
게 어긋나 버렸다.

하지만 생각해 보라. 주공周公이 예악禮樂을 제정하여 세상에 널리 알린 것은 성인이라면 누구나 할 수 있는 일이었다. 그런데 어째서 요임금과 순임금은 그 일을 다하지 않고 주공이 나타나기를 기다렸단 말인가? 또 공자가 『육경』六經을 편찬하면서 군더더기 말들을 깎아 내어 영원토록 이치를 밝힌 것은 성인이라면 누구나 할 수 있는 일이었다. 그런데 어째서 주공은 먼저 그 일을 다하지 않고 공자가 나타나기를 기다렸단 말인가?

그러므로 성인은 바로 그러한 때를 만나야 비로소 그러한 일을 하게 되는 것임을 알 수 있다. 다만 거울이 밝지 않을까 걱정할 뿐이지, 다가오는 무엇을 비추어 낼 수 없을까를 걱정하지는 않는다. 일의 변화에 따라 이치를 따져 묻는 것도 또한 마땅히 때에 맞는 일을 비추는 것일 뿐이다. 그러므로 배우는 이들에게는 모름지기 마음을 밝히는 공부가 반드시 먼저 있어야 한다. 배우는 이들은 오직 이 마음이 밝아지지 못할까봐 근심할 뿐이지, 일의 변화를 모두 다 알 수 없을까봐 근심하지 않는다.

2-4.
지극한 선은 오직 마음에서 구할 뿐이다

서애가 물었다.

서애 선생님께서는 지극한 선[至善]을 오직 마음에서 구하는 것이라고 말씀하십니다. 하지만 그렇게 되면 세상사 수많은 사물과 사건들의 이치는 어떻게 구할 수 있습니까?

양명 그대는 지금 마음과 이치를 오해하고 있다. 마음과 이치는 따로 있는 게 아니다. 마음이 바로 이치다. 마음 밖에 사물이 있고 마음 밖에 어떤 일[事]이 있을 수 있는가? 마음 밖에서 이치를 구할 수 있는가?

서애가 다시 물었다.

__서애__ 예컨대 부모를 섬기는 일과 효도라는 이치, 임금을 섬기는 일과 충성이라는 이치, 벗을 사귀는 일과 믿음이라는 이치, 백성을 다스리는 일과 어짊이라는 이치 등등, 세상사 온갖 일들에는 각각의 이치가 있으니 살피지 않을 수 없습니다.

양명 선생이 탄식하며 말하였다.

__양명__ 아! 세상이 그러한 설에 가려진 지 오래되었으니, 어찌 한마디 말로 깨우쳐 줄 수 있으랴. 일단 그대가 예로 든 사항들을 가지고 말해 보자. 예컨대 부모를 섬기는 일의 경우 효도의 이치는 부모에게서 구할 수 있는 게 아니며, 임금을 섬기는 일의 경우 충성의 이치는 임금에게서 구할 수 있는 게 아니며, 벗을 사귀고 백성을 다스리는 일의 경우 믿음의 이치와 어짊의 이치는 벗과 백성에게서 구할 수 있는 게 아니다.

__서애__ 그렇다면 이치란 결국 마음에서 구하는 것이겠군요.

__양명__ 그래서 마음이 곧 이치라는 걸 알아야 한다. 단지 이 마음이 있을 뿐이다. 이 마음이 사사로운 욕심에 가로막히지 않으면 그것이 바로 천리天理 즉 하늘의 이치이니, 조금이라도 이 마음 바깥에서 보탤 필

요가 없다. 이와 같이 순수한 천리로서의 마음이 부모를 섬기는 일에서 드러난 것을 효도라 하며, 임금을 섬기는 일에서 드러난 것을 충성이라 하고, 벗을 사귀고 백성을 다스리는 일에서 드러난 것을 믿음과 어짊이라 한다. 그러므로 오직 이 마음이 천리를 보존하도록 힘쓰기만 하면 된다. 천리를 어떻게 보존하느냐고? 그건 더욱 쉬운 일이다. 사사로운 욕심을 버리면 그것으로 곧 천리는 보존된다.

<u>서애</u> 선생님의 그러한 설명을 듣고 나니 깨닫는 부분이 많습니다. 다만 오랫동안 유통되어 온 학설들이 아직 남아서 말끔해지지 못하는 부분들이 있는 듯합니다. 예를 들어 이런 것입니다. 부모를 섬기는 한 가지 일에도 사정은 매번 다를 수밖에 없습니다. 그렇기에 추운 겨울에는 따뜻하게 해드려야 하지만, 무더운 여름에는 시원하게 해드려야 할 것입니다. 또 밤에는 잠자리를 살펴드리고 아침에는 문안을 드려야 합니다. 요컨대 이렇듯 효도라 해도 매번 수많은 항목들이 나누어집니다. 이런 세세한 일들에 관해서는 어쨌든 그 각각의 일들에 대해 각각의 이치를 열심히 따져 물어서 구해야 하지 않겠습니까?

양명이 대답했다.

<u>양명</u> 어찌 이치를 따져 묻고 구하지 않을 수 있겠는가? 하지만 이때에도 한 가지 핵심 요령은 있다. 오로지 사사로운 인욕人慾을 제거하고 순수한 천리를 보존한 상태에서 이 마음을 따져 물어야 한다. 예를 들어 추운 겨울에 부모님을 따뜻하게 해드릴 것을 따져 묻는 것은 오로지 이 마음의 효를 다하는 것일 뿐이다. 조금이라도 인욕이 끼어들어 뒤섞이지 않을까 두려워해야 한다. 무더운 여름에 부모님을 시원하게 해드릴 것을 따져 묻는 것은 오로지 이 마음의 효를 다하는 것일 뿐이다. 조금이라도 인욕이 끼어들어 뒤섞이지 않을까 두려워해야 한다.

이처럼 오직 이 마음에서 이치를 따져 묻고 구할 뿐이다. 이 마음이 사사로운 인욕 없이 순수한 천리의 상태로 부모에게 효를 다하고자 하면, 겨울에는 자연히 부모의 추위를 생각해 따뜻하게 해드릴 도리를 구할 것이고, 여름에는 자연히 부모의 더위를 생각해 시원하게 해드릴 도리를 구하게 될 것이다. 따뜻하게 한다느니 시원하게 한다느니 하는 것들은 모두 효도하려는 마음이 정성스럽게 발현되어 나온 세부 조목들일 뿐이다. 오히려 이처럼 정성스럽게 효도하려는 마음이 있게 된 후에야 이러한 세부 조목들이 발현되어 나올 수 있다.

이런 사실을 나무에 비유해 보면 다음과 같다. 정성스럽게 효도하려는 마음은 뿌리이고, 수많은 세부 조목들은 가지나 잎이라 할 수 있다. 반드시 먼저 뿌리가 있은 뒤에 가지나 잎이 있는 것이지, 가지나 잎을 먼저 찾고 그 이후에 뿌리를 심는 것이 아니다. 이런 까닭에 『예기』禮記는 말하기를, "효자 가운데 사랑이 깊은 자는 반드시 온화한 기운이 있고, 온화한 기운이 있는 자는 반드시 기쁜 표정을 지으며, 기쁜 표정을 짓는 자는 반드시 유순한 용모가 있다"라고 한다. 모름지기 사랑이 깊이 뿌리내리고 있어야 자연히 이처럼 될 수 있다.

2-5.
앎과 행위에 순서가 있다는 말에 관하여

<u>고동교</u> 근래의 학자들은 외면적인 지식을 늘리는 데
힘쓸 뿐 내면을 닦는 데는 소홀해서 박학하지만 요
령이 없습니다. 그런데 선생께서는 '성의誠意, 즉 뜻을
정성스럽게 한다'는 한 가지 말씀을 특별히 강조하시
면서 이러한 깊은 병에 제대로 대침을 찌르셨습니다.
진실로 대단한 은혜가 아닐 수 없습니다.

<u>양명</u> 그대는 시대의 폐해를 이처럼 꿰뚫고 있소. 그
러면 장차 어떻게 이것을 구제하시겠소? 진실로 내
마음은 그대가 이미 한마디로 말해 버린 셈이니, 더
무슨 말을 하겠소. 내가 더 무슨 말을 할 수 있겠소?
내가 말하는 '뜻을 정성스럽게 한다'는 한마디는 본
래 성인께서 문하의 사람들을 가르칠 때 강조하는 첫
번째 뜻이었소. 그러나 이후 학자들이 이것을 두번째

뜻으로 받아들이게 되었소. 나는 그저 긴요한 점을 약간 드러내 보인 것일 뿐이라오. 특별히 내가 유별난 주장을 하는 것이 아님을 알아주기 바라오.

고동교 선생께서는 앎과 행위란 함께 나아가는 것이기에 이것을 선후 관계가 있는 것처럼 분별해서는 안 된다고 하셨습니다. 이 말씀은 『중용』에서 이르는바, '덕성을 높이고, 묻고 배우는 길을 간다'는 말과 같은 말이어서 안과 밖, 근본과 말단을 한꺼번에 관통하는 이치를 밝히는 말씀입니다. 그렇지만 막상 실제 공부에는 앞에 하고 뒤에 할 순서가 있지 않습니까? 예를 들어 음식인 줄 알아야 그것을 먹게 되고, 국인 줄 알아야 그것을 마시게 되고, 옷인 줄 알아야 그것을 입게 되고, 길인 줄 알아야 그곳을 가게 되는 것입니다. 요컨대 제 말의 요지는 부분적인 항목들이 있어야 그것들이 모여 다양한 전체를 이룰 수 있게 된다는 것입니다. 물론 부분적인 항목과 전체와의 관계는 누가 먼저랄 것 없이 아주 미묘하고 짧은 순간의 일이어서, 오늘 어떤 부분 사항들을 알게 되고 내일 그 사항들로 이루어진 전체 일이 있게 된다는 식으로 말씀드리는 것은 아닙니다.

양명 이미 그대 스스로 "안과 밖, 근본과 말단을 한꺼번에 관통하는 이치를 밝히는 말"이라고 하면서 앎과 행위는 함께 나아간다고 말했으면서, 다시 또 "실제 공부에는 앞에 하고 뒤에 할 순서가 있지" 않느냐고 말하는 것은 모순이 아니겠소?

음식을 안 다음에야 그것을 먹게 된다는 말은 더욱 분명해서 알기 쉽소. 하지만 그대는 근래에 유행하는 얘기에 막혀서 제대로 자신을 살피지 못하고 있소. 왜냐? 사람은 반드시 먹고자 하는 마음이 있어야 먹을 줄 알게 되는 것이기 때문이오. 이때 먹고자 하는 마음이 바로 내가 '뜻을 정성스럽게 한다'고 말할 때의 그 뜻에 해당하는 것이오.

또한 이 뜻은 행위의 시작이기도 하다오. 그렇기에 앎과 행위가 함께 나아간다고 말하는 것이지요. 음식맛이 좋은지 나쁜지는 음식이 입으로 들어간 다음에 알게 되는 것이오. 어떻게 음식을 맛보기도 전에 음식맛이 좋은지 나쁜지 알 수 있겠소.

그러므로 가고자 하는 마음이 있어야 그 다음에 무엇이 길인지를 알게 된다오. 가고자 하는 마음이 바로 뜻이고, 또한 행위의 시작인 것이오. 길이 험한지 평탄한지는 역시 반드시 길을 가본 다음에 알게 되는 것이오. 어떻게 길을 가보기도 전에 길이 험한지 평탄한지 알 수 있겠소. 만약 그대 말처럼 알아야 행위할 수 있는 것이라면, 이는 해보지도 않고 알 수 있는 게 있다는 말인데 어떻게 그런 일이 있을 수 있겠소. 행위한다는 건 이미 안다는 것이라오. 부분적인 사항들이 있어야 그것들이 얽힌 전체 사건(일)이 이루어지는 게 아니라, 그러한 마음이 있어야 그러한 일(사건)이 있음을 알게 되고 그러한 일이 있음을 안다는 것은 바로 그러한 일을 이루는 부분 사항들이 있다는 것이오. 그대는 이러한 두 가지 일의 관계가 미묘하고 짧은 순간이라고 말하고 있지만, 이 역시 꼼꼼하게 살피지 못한 결과일 뿐이오. 그대 말을 따른다고 해도, 앎과 행위가 하나로 합치되어 함께 나아간다는 사실에는 조금도 의심의 여지가 없소.

고동교 선생께서는 '참된 앎[眞知]은 바로 행하는 근거이니, 행하지 않으면 그것을 앎이라 할 수 없다'고 주장하십니다. 이 말은 공부하는 사람들에게는 절실한 가르침으로 내세울 만합니다. 하지만 만약 행위가 곧 앎이라고 정말로 말한다면, 그것은 오직 본심만을 추구하고 마침내 사물의 이치는 잃어버리게 되는 게 아닌지 걱정됩니다. 어찌 이것이 성인께서 앎과 행위를 함께 나아가도록 한 본래의 취지이겠습니까?

양명 참된 앎은 행위의 근거이니, 행하지 않는다면 그것을 앎이라 할 수 없소. 본심만을 추구하느라 사물의 이치를 잃어버린다면 그것은 오히려 본심을 잃

은 것이오. 사물의 이치는 나의 마음 밖에 있는 것이
아니기 때문이오. 내 마음 바깥에서 사물의 이치를
추구해 봤자 사물의 이치는 없을 것이오. 사물의 이
치를 잃어버리고 나의 마음을 추구한다면, 그때 이
마음이라는 건 어떤 사물이라는 말이오?

분명히 말하지만, 마음의 본체가 성性이고, 성은 곧
이치[理]라오. 아버지에게 효도하려는 마음이 있어야
효도의 이치가 있게 되는 것이오. 효도하려는 마음이
없다면 당연히 효도의 이치도 있을 수 없소. 임금에
게 충성하려는 마음이 있어야 충성의 이치가 있게 되
는 것이오. 충성하려는 마음이 없다면 당연히 충성의
이치도 있을 수 없소. 이렇듯 이치는 내 마음을 벗어
날 수 없다오.

주자는 이렇게 말했소. "사람들이 학문하는 까닭은
마음과 이치에 있다. 마음은 비록 한몸의 주인이지만
세상의 이치를 주관한다. 이치가 비록 갖가지로 흩어
져 있지만, 이는 한 사람의 마음을 벗어나지 않는다."
이 말은 한 번 나눠지고 합해지는 사이에 마음과 이
치를 둘로 만드는 병폐를 낳고 말았소. 이로써 후세
에는 본 마음을 추구하느라 사물의 이치를 잃어버리
는 낭패가 생겨났소. 이것은 마음이 바로 이치임을
알지 못했기 때문이오.

2-6.
양지는 마음의 본체인데,
왜 배움에 의지해야 하는가

<u>육원정</u> 총명과 예지는 과연 자질입니까? 인의예지는 과연 본성입니까? 희로애락 등은 과연 감정입니까? 사욕과 객기는 과연 같은 겁니까? 다른 겁니까?

과거의 영재들인 장량·동중서·황기·제갈량·왕통·한기·범중엄 같은 분들의 업적들은 겉으로 드러나 있는데 모두 양지良知 속에 발휘된 것입니다. 그런데도 '도를 들었다'는 평가를 얻지 못한 이유는 어디에 있습니까? 진실로 이분들이 타고난 자질이 특별히 좋았을 뿐이라고 한다면, '태어나면서 알고 편안히 실천'하는 이들이 '배워서 알고 애써서 실천'하는 이들보다 못한 것이 아닙니까? 제 어리석은 생각으로는 이분들이 도를 본 것이 치우쳤다고 해야 하지 않나 싶습니다. 그들에 대해 도에 관해 들은 게 있다고

말하지 않은 건 아마도 후세 유학자들이 암송하고 기억하고 훈고하는 등등을 숭상하는 학문으로 흐를까 봐 그 과실을 경계한 것이겠지요. 그렇지 않습니까? 아닌가요?

양명 본성은 하나다. 그러니 굳이 변별하자면 인의예지는 본성의 본성을 가리키는 것이고, 총명예지는 본성의 자질이며, 희로애락은 본성의 감정이고, 사욕과 객기는 본성을 덮어 가리고 있는 것이다. 자질에는 맑음과 탁함이 있고, 감정에는 지나침과 모자람이 있으며, 가려짐에는 얕음과 깊음이 있다. 사욕과 객기 등은 하나의 병이 두 가지로 드러난 경우일 뿐 사실상 다른 게 아니다.

장량·황헌·제갈량·한기·범중엄 등은 모두 타고난 자질이 훌륭하여 자연스럽게 도의 오묘함과 저절로 합치되는 면이 많았다. 비록 그들이 학문을 충분히 알았다거나 혹은 도에 관해 들은 게 있다고 말하기는 어렵지만, 거꾸로 도에서 그다지 멀지 않은 주위에서 학문했다고 말할 수 있다. 만일 그들이 학문을 제대로 알고 또한 도에 관해 들을 수 있었다면, 그들은 곧 이윤·부열·주공·소공 등과 같은 인물이 되었을 것이다.

무릇 양지가 바로 도道다. 그런데 양지는 성인이나 일

반 사람이나 누구에게나 있다. 만약 외물에 대한 욕심에 이끌리거나 가려지지 않고 오직 양지만을 따라 나아간다면 자연히 도가 아닌 게 없게 된다. 보통의 일반 사람들은 외물의 욕심에 이끌리고 가려져 양지를 잘 따르지 못한다.

앞에 그대가 말한 위인들은 모두 타고난 자질이 맑고 밝아서 스스로 외적 물욕에 이끌려 가려지는 일이 드물기 때문에 자연히 그 양지의 발현이 많고 도道와 멀지 않게 되는 것이다. 그러므로 배운다는 것은 이 양지를 따르는 것을 배우는 것이다. 학문을 안다는 것은 결국 학문이 양지를 따르는 것을 배우는 것임을 아는 데 있는 것이다. 앞의 위인들은 이렇듯 오로지 양지에서 공부하는 것임을 몰랐기 때문에 종종 갓길로 흘러갔고, 그림자와 음향 같은 데 미혹되어 간혹 도와 떨어졌다 합쳐졌다 했으므로 아직 순수하게 도를 들었다고 말할 수 없게 된 것이다. 만약 터득해 알았다면 바로 성인이 되었을 것이다.

후세 유학자들은 일찍이 저들이 모두 타고난 기질 위에서 움직였기 때문에 '실천해도 드러나지 않고, 익혀 나가면서도 살피지 못한 병폐'를 면할 수 없었다고 말한다. 이것이 지나친 논의라고는 할 수 없을 것이다. 다만 후세의 학자들이 말하는 이른바 '드러남'과 '살핌'이라는 결국 견문의 협소함이나 잘못된 습성 정도 라면 이는 또한 성인의 학문에서 말하는 '드러남'과 '살핌'이 아니다. 사정이 이렇다면 어찌 어리석은 자신으로 다른 사람의 밝음을 요구할 수 있겠는가.

이른바 '태어나면서 알고 편안히 실천함'에서 앎과 행위라는 지행知行 두 글자 역시 공부에 관한 말이다. 앎과 행위를 본체로서 말한다면 바로 그것이 양지와 양능이다. 이것은 비록 '애써서 노력하고 실천해야 하는' 데 있더라도 또한 모두 다 '태어나면서 알고 편안히 실천하는' 것이라 말할 수 있음을 뜻한다. 지행 두 글자는 정밀하게 살펴야 한다.

2-7.
성인은 본성에 따라 행할 뿐이다

마자신馬子莘이 물었다.

<u>마자신</u> 『중용』에서 '도를 닦는 것이 가르침이다'라고
말한 구절에 대해 여쭙습니다. 이에 대해 주자는 '성
인께서 우리의 고유한 본성에 적절하게 맞추어서 천
하의 법도로 삼은 것으로 예절·음악·형벌·정치 등이
있다'라고 해설했습니다. 이런 해석이 어떻습니까?

<u>양명</u> 도道는 곧 본성[性]이고, 또한 운명[命]이다. 요컨
대 도와 본성과 운명은 하나다. 본래 이 말은 완전하
고 온전하여 보태거나 뺄 것이 없다. 그런데 무엇이
부족해서 주자처럼 여기에 또 성인께서 적절하게 맞
추었다는 설명을 추가한다는 말인가. 도라는 게 그렇
게 덧보탤 무엇이 있는 거라면 애초에 불완전했다는

셈인데, 도가 그런 것일 수 있겠는가. 단 예절이나 음악, 형벌과 정치 등은 천하를 다스리는 법도이니 이런 것은 본래 가르침이라고 봐도 무방하다. 그러나 이것도 역시 애초에 『중용』을 지은 자사子思의 본뜻은 아니었다. 만약 주자의 말과 같다면 가르침을 통해 도로 들어가면 될 것인데, 어째서 『중용』에서는 주자 말처럼 예절·음악·형벌·정치 등을 말하지 않고 '경계하고 삼가고 두려워하라'는 공부를 얘기했겠는가? 주자의 말이 맞다면 이와 같은 성인의 말씀이 헛되이 마련해 놓은 게 된다.

마자신이 좀더 가르침을 청했다. 그러자 양명 선생께서 대답했다.

양명 자사께서 『중용』을 지을 때 말한 본성[性]과 이치[道]와 가르침[敎] 등은 모두 근원적인 곳을 가리켜 말씀한 것이다. 무엇을 본성이라 했는가. 하늘이 사람에게 명한 것을 본성이라 한다고 했다. 무엇을 이치라고 했는가. 제 본성을 따르는 것을 이치라고 했다. 무엇을 가르침이라고 했는가. 이치를 잘 이행하려 수련하는 것을 가르침이라고 했다.
성인은 본성을 따라 행동하기 때문에 이치에 맞는다

고 할 수 있다. 하지만 성인 이하의 사람들은 제대로 본성을 따르지 못하기에 이치에 있어 지나침과 부족함이 생기게 된다. 그래서 이런 사람들은 반드시 이치(도)를 닦아야만 하는 것이다. 이치를 닦는다면 현명한 사람은 지나치지 않게 되고, 어리석은 사람은 모자라지 않게 된다. 모두가 이 이치를 따르게 될 것이니 이런 까닭에 이 이치가 바로 가르침인 것이다.

이때 가르침은 『예기』에서 말하는 '하늘의 이치가 일러주는 지고한 가르침은 비와 서리와 이슬 등이 모두 가르침이 아닌 게 없다'에 나오는 가르침과 의미가 같다. 그리고 '이치를 닦는다'라는 말은 『중용』 후반부에 보이는 '인으로써 이치(도)를 닦는다'고 말하는 부분과 같은 의미이다. 사람은 이치를 닦고 또한 이치를 어기지 않게 되면 본성의 본체를 회복하게 되는데, 이것을 일러 성인이 행하는 본성을 따르는 이치라 한다.

2-8.
공경히 삼가는 것과
이치를 탐구하는 일은 다르지 않다

양일부梁日孚가 여쭈었다.

양일부 주자학에서 말하는 '거경'居敬 즉 공경히 삼가 지낸다는 것과 '궁리'窮理 즉 이치를 탐구한다는 것은 엄연히 서로 다른 것입니다. 그런데도 선생님께서는 이 둘이 한 가지라고 말씀하시니 어째서입니까?

양명 공경히 삼가 지낸다는 것과 이치를 탐구한다는 것이 서로 어떻게 다른 건지, 그대가 알고 있는 것을 말해 보라.

양일부 공경히 지낸다는 것은 보존하고 기르는 공부입니다. 이치를 탐구한다는 것은 사물의 이치를 따져 묻는 것입니다.

양명 보존하고 기른다는 건 구체적으로 무엇을 어떻게 한다는 말인가?

양일부 아마도 이 마음의 천리를 보존하고 기르는 것일 겁니다.

양명 그렇다면 그것은 이 마음의 이치를 탐구해야 하는 게 아닌가? 그것은 결국 이치를 탐구하는 게 되어 버린 것 아닌가? 다시 묻겠네. 그렇다면 이치를 탐구한다는 것은 또 구체적으로 무엇을 어떻게 한다는 말인가?

양일부 예를 들면 부모를 섬기려면 효의 이치를 따져 물어야 하고, 임금을 섬기려면 충의 이치를 따져 물어야 하는 것을 말합니다. 효라든가 충이라든가 하는 것을 따져 묻고 그 이치를 알아야 효와 충을 행할 수 있을 것이기 때문입니다.

양명 그대는 효와 충의 이치가 부모와 임금의 몸에 있다고 생각하는가, 아니면 자네 마음에 있다고 생각하는가? 효와 충의 이치가 부모나 임금의 몸에 있지 않고 자네 마음에 있다면 이것은 결국 자기 마음의 이치를 탐구하는 것일 뿐이다. 말이 나온 김에 한 가지 더 물어 보겠네. 거경, 즉 공경히 삼가 지낸다고 할 때의 공경한다는 것은 어떤 것인가?

양일부 그것은 주일主一, 즉 마음을 하나로 집중하는 것을 말합니다.

양명　마음을 집중한다는 건 어떻게 하는 것인가?

양일부　책 읽는 것을 예로 들어보자면, 책을 읽을 때 온 마음을 책 읽는 데 두는 것입니다. 마찬가지로 일을 할 때라면, 일을 할 때 온 마음을 일하는 데 두어야 합니다.

양명　그러면 술을 마실 때는 온 마음을 술 마시는 데 두고, 여색을 좋아할 때는 온 마음을 여색에 두면 되는 것인가? 마음이 온통 사물과 사건을 쫓아다니는 데 어떻게 이것을 공경히 삼가 지내는 것이라 할 수 있겠는가?

양일부가 멍하게 듣고 있다가 가르침을 청했다. 양명 선생께서 말씀하셨다.

양명　마음을 하나로 집중한다고 할 때의 하나[一]는 천리를 말하는 것이다. 다시 말해 온 마음을 천리에 두는 것을 가리켜 주일主一이라고 한다. 지금 그대처럼 오직 하나에 집중하는 것만을 알고 그 하나가 천리임을 알지 못하게 되면, 일이 생길 때마다 온통 바깥의 사물이나 사건을 쫓아다니게 되든가, 일이 없을 때 마음 둘 곳이 없어 공허하게 되든가 하게 된다. 그러니 일이 있건 없건 마음을 언제나 천리에 두어야 한다. 이치를 탐구하기를 전적으로 한결같이 한다면 그것이 곧 공경히 삼가 지내는 것이 아니겠는가. 공경히 삼가 지내기를 정밀하게 해 나간다면 그것이 곧 이치를 탐구하는 것이 아니겠는가. 이런 까닭에 공경히 삼가 지내는 '거경'과 이치를 탐구하는 '궁리'는 서로 다르지 않다고 말하는 것이다. 이름은 비록 같지 않지만, 거경과 궁리는 한 가지 일이다.

2-9.
꽃과 풀에는 선도 없고 악도 없다

설간이 꽃들 사이에서 풀을 뽑으면서 말했다.

<u>설간</u> 어째서 선은 배양하기 어렵고, 악은 제거하기
어려운 것입니까?
<u>양명</u> 아직 배양된 것도 없고, 제거된 것도 없다.

잠시 시간이 흘렀다. 다시 선생께서 말씀하셨다.

<u>양명</u> 그런 식으로 선과 악을 보는 것은 그 몸으로부
터 생각을 일으킨 것이라 잘못된 것이다.

설간은 양명 선생의 말을 이해하지 못했다. 그러자
선생께서 말씀하셨다.

양명 천지간에 살고자 하는 의지는 꽃이나 풀이나 매한가지다. 여기에 어찌 선과 악이 있겠는가. 지금 그대가 꽃을 감상하는 것이라 여기기 때문에 꽃을 선이라 여기고 풀을 악한 것으로 여기는 것일 뿐이다. 만약 풀을 쓰려고 한다면 다시 풀을 선한 것이라 여기게 될 것이다. 그러한 선악은 모두 그대 마음이 좋아하고 싫어하는 것에서 생겨난 것이다. 그러므로 잘못된 것임을 알 수 있지 않은가.

설간 그렇다면 선과 악이 없다는 말씀입니까?

양명 선도 없고 악도 없는 것은 이치의 고요함이고, 선도 있고 악도 있는 것은 기운의 움직임이다. 기에서 움직이지 않으면 곧 선도 없고 악도 없다. 이것을 '지극한 선'이라 한다.

설간 불교에서도 무선무악無善無惡을 말합니다. 어떻게 다릅니까?

양명 불교는 무선무악이란 말에 집착해서 일체의 세상일에 관여하지 않아 세상을 다스릴 수 없다. 하지만 유학 성인들의 무선무악은 그런 게 아니다. 마음속에 미리 좋아하는 것과 싫어하는 것을 만들지 않는 것이다. 기에서 움직이지 않고, 오직 왕도王道를 따라 그 법도에 합치할 뿐이다. 이렇게 되면 저절로 천리에 순응하고, 마땅함을 돕게 된다.

설간 풀이 악한 게 아니면 풀을 제거해선 안 되는 것입니까?

양명 그것이 곧 불가나 도가의 생각이다. 풀이 방해된다면 그대가 뽑아 버려도 상관이 없다.

설간 그렇게 되면 좋아하는 것과 싫어하는 것을 만들게 됩니다.

양명 좋아하는 것과 싫어하는 것을 만들지 말라는 것은 좋아하는 것과 싫어하는 것이 없다는 게 아니다. 좋아하고 싫어하는 게 없는 사람은 지각이 없는 사람일 것이다. 다만 좋아하고 싫어하는 것을 일부러 하지 않는다는 것이다. 좋아하고 싫어하는 것을 한결같이 천리天理에 따라 하며 자기 의사를 조금도 덧붙이지 않는다.

설간 더 쉽게 말씀해 주시길 바랍니다. 지금 제가 풀을 뽑을 때 어떻게 해야 한결같이 천리에 따르고 자기 생각을 덧붙이지 않는 것입니까.

양명 지금 그대에게 풀이 방해가 된다면 마땅히 뽑아내는 것이 이치이다. 당연히 이치에 따라 그것을 뽑아 내면 된다. 이치에 따라 풀을 뽑는 것이므로 풀을 뽑다가 우연히 미처 다 뽑아 내지 못한 풀이 있더라도 마음에 거리낄 것이 없다. 핵심은 나에게 좋은 것을 행하는 것일 뿐 풀을 전부 다 뽑아 내느냐 마느냐가 아니기 때문이다. 만약 그런 식으로 조금이라도 자기 뜻을 덧붙인다면 순수한 마음의 본체에 누를 끼치게 되고, 기를 움직이는 곳이 많아질 것이다.

설간 그렇다면 선이라거나 악이라거나 하는 것은 전혀 사물에 있지 않은 것이군요.

양명 선과 악은 단지 그대 마음에 있을 뿐이다. 이 마음이 이치를 따르면 선이고, 기운을 쫓아 움직이면 악이다.

설간 마음에서 좋아하는 것과 싫어하는 것이라면 『대학』에서 말하는 "아름다운 여인을 좋아하듯이 하고, 나쁜 냄새를 싫어하듯이 한다"는 말씀인 듯합니다. 그것은 어떻게 하는 것입니까.

양명 이것이 바로 한결같이 천리에 따르는 것을 말한 것이다. 천리는 마땅히 그런 것이어서, 사사로운 뜻에 따라 일부러 좋아하거나 일부러 싫어하지 않는다.

설간 "아름다운 여인을 좋아하듯이 하고, 나쁜 냄새를 싫어하듯이 하는 것"이 어떻게 내 뜻이 아니라 천리를 따르는 것이라 할 수 있습니까?

양명 『대학』의 가르침은 진실되고 성실한 뜻을 빗대어 말한 것이지 개인적인 뜻을 말한 게 아니다. 진실되고 성실한 뜻은 오직 천리에 따른다. 여기엔 자기의 조그만 뜻도 덧붙여서는 안 된다. 이런 까닭에 『대

학』에서는 "성내거나 좋아하고 즐거워하는 것이 있
으면 마음의 올바름을 얻지 못한다"고 했지 않았는
가. 반드시 확 트여 크게 공정한 것이 바로 마음의 본
체이다. 이것을 안다면 감정이 아직 움직이지 않은
중의 상태를 안다고 할 수 있다.

이때 옆에서 듣고 있던 맹원孟源이 불쑥 끼어들어 말
했다.

맹원 선생님께서는 지금 "풀이 방해된다면 뽑아 내야
하는 것이 이치다"라고 하셨는데요, 아까는 풀을 뽑
아 내려는 것에 대해 그 몸에서 생각을 일으킨 것이
라 잘못인 것처럼 말씀하셨습니다.
양명 이것은 반드시 그대 마음으로 자기가 체득해야
한다. 그대가 풀을 뽑아 버리려고 할 때 그것은 무슨
마음인가. 주돈이周敦頤가 자기 집 들창 앞의 풀을 뽑
지 않는 것을 보고 어떤 사람이 그 이유를 물었다. 그
러자 주돈이는 풀의 뜻과 자기의 뜻이 같기 때문이라
고 대답했다. 말해 보라. 주돈이가 들창 앞의 풀을 뽑
지 않은 그것은 무슨 마음인가.

2-10.
성인의 마음은 순금에 비유할 수 있다

희연이 물었다.

<u>희연</u> 성인은 배워서 이르는 것이라 들었습니다. 그런데 같은 성인임에도 불구하고 백이伯夷와 이윤伊尹은 공자와 비교해 재능과 역량이 같지 않습니다. 이들을 다 같이 성인이라고 부르는 까닭은 무엇입니까?

선생께서 대답하셨다.

<u>양명</u> 성인이 성인이라 불리는 까닭은 그 마음이 천리에 맞아 사사로운 욕심이 없기 때문이다. 이것은 순금이 그 순수한 색깔이 완전하여 구리나 아연 등이 섞이지 않은 것과 같다.

사람은 천리에 맞아야 비로소 성인이고, 금은 색깔이 완전해야 비로소 순금이 된다. 하지만 순금이 무게에 따라 가볍고 무거운 게 있는 것처럼, 성인도 재능과 역량에 따라 크고 작은 차이가 있다.

예컨대 요임금과 순임금이 금 만 개의 무게라면, 문왕과 공자는 금 구천 개의 무게이다. 우임금·탕임금·무왕 등은 금 칠천 내지 팔천 개의 무게이며, 백이·이윤 등은 금 사천 내지 오천 개의 무게라고 할 수 있다. 이렇듯 성인도 재능과 역량은 같지 않다. 하지만 성인은 모두 천리에 맞아 사사로움이 없다는 점에서는 차이가 없다. 이런 까닭에 이들을 모두 성인이라고 말하는 것이다. 비록 무게는 같지 않아도 색깔이 완전한 금들은 모두 순금이라 부르는 것과 같다. 즉 오천 개의 금을 만 개의 금과 섞어도 그 색깔의 완전함은 다르지 않다. 백이와 이윤을 요임금이나 공자 사이에 섞어도 그 천리의 순수함은 다르지 않은 것이다. 즉 순금이 순금 되는 까닭은 그 완전한 색깔에 있지 무게에 있지 않다. 성인이 성인 되는 까닭은 그 순수한 천리에 있지 재능과 역량에 있지 않다.

그러므로 비록 보통 사람이라도 기꺼이 배워서 그 마음이 순수한 천리에 이르면 역시 성인이 될 수 있다. 이것은 마치 한 개의 금을 만 개의 금에 비교할 때, 비록 무게는 크게 다르지만, 그 완전한 색깔에 있어서는 조금도 부끄럽지 않은 것과 같다. "사람은 누구나 요순과 같은 성인이 될 수 있다"는 맹자의 말씀은 이런 뜻에서 하신 말이었다.

그러므로 배우는 사람들이 성인됨을 배우는 것은 단지 사사로운 욕심을 제거하여 천리를 보존하는 것이다. 이것은 마치 금을 단련하여 완전한 색깔을 구하는 것과 같다. 금의 색깔에 잡된 것이 많지 않을수록 금을 단련하는 노력은 줄어들고 효과를 얻기가 쉽다. 금의 색깔이 나쁠수록 단련하는 일은 더욱 어려워지게 된다.

사람의 기질은 맑음·탁함·순수함·잡스러움 등에 따라 보통 사람 이상과 이하로 구별된다. 도를 실천하는 일에 있어서도 '태어나면서부터 알고 그 앎을 편안하게 실천하는' 사람이 있는가 하면, '배워서 알고 그것을 이롭게 여겨 실천하는' 사람이 있다. 그런가 하면 '반드시 남이 한 번 노력할 때 자기는 백 번 노력하고, 남이 열 번 노력할 때 자기는 천 번 노력해야 하는' 사람도 있다. 이들의 기질은 각각 서로 다르지만, 이렇게 하여 이룬 결과는 모두 같다.

후세에 이르러 사람들은 성인이 되는 근본이 순수한 천리에 있음을 알지 못하고, 오로지 지식과 재능의 측면에서만 성인을 추구하게 되었다. 성인은 알지 못하는 것이 없고 하지 못하는 것이 없는데, 이 때문에 성인의 수많은 지식과 재능을 하나하나 이해해야만 비로소 성인이 될 수 있다고 여기게 된 것이다. 이리하여 천리에서 힘써 공부하는 대신 책을 연구하는 데 정력을 낭비하고 사물의 지식을 따지는 등 겉모습만 모방한다. 결국 지식이 넓어질수록 사사로운 욕심은 더욱 커지고, 재능과 역량이 많을수록 천리는 더욱 가려진다. 이것은 마치 다른 사람이 가진 만 개의 순금에 대해 그 완전한 금빛을 부러워하지 않고 그 분량에만 집착하는 것과 같다. 이런 사람은 자신의 금을 단련해 완전한 색을 얻으려 하기보다는 주석·아연·구리·철 등을 닥치는 대로 뒤섞어 만 개의 순금 무게와 같아지기를 원하게 되어, 분량이 많아지면 많아질수록 완전한 빛깔에서는 점점 멀어져 끝내는 더이상 금이라고 말할 수도 없는 지경에 이르게 된다.

이때 옆에서 함께 이 이야기를 듣고 있던 서애가 크게 감탄하여 말하였다.

서애 선생님의 이 비유는 자질구레한 것들에 미혹되어 있는 세상 유학자들의 낡은 생각을 깨뜨리기에 충분합니다.

선생께서 또 말씀하셨다.

<u>양명</u> 그대들은 명심하여야 한다. 공부는 오직 하루하루 줄어들기를 추구하는 것이지, 하루하루 늘어나기를 추구하는 게 아니다. 한 푼의 사사로운 욕심을 줄이면 그게 바로 한 푼의 순수한 천리를 회복한 것이다. 얼마나 경쾌하고 깔끔한가! 얼마나 간명하고 쉬운가!

2-11.
마음의 본체를 다하는 것은
재질을 통해 드러난다

육징이 물었다.

육징 각종 사물의 이름이나 의미, 세상사 이치 등등에 관해서는 일단 좀 배우고 익혀 둬야 하지 않겠습니까?

선생께서 대답하셨다.

양명 사람들은 본체[體]와 작용[用]이 있다는 것은 알지만, 자기 마음의 본체[體]를 성취하면 그것으로 이미 작용[用]이 그 안에 있는 것임은 잘 모르는 듯하다. 본체를 성취하면 작용은 이미 그 안에 있다. 즉 마음의 본체를 잘 길러서 감정이 아직 움직이지 않은 편안한 상태(미발지중)에 있게 된다면, 이것이 바로 감정이 이미 움직였지만 자연스럽게 절도에 맞는 조화 상태인 것이다. 이렇게 되면 마음이 펼쳐질 때마다 이루어지지 않는 일이 없을 것이다.

만약 이 마음이 없다면 미리 앞서서 각종 사물의 이름이나 의미, 세상사 이치 등등에 관해 배우고 익히더라도 자기와는 무관한 장식이 될 뿐이다. 그렇게 된다면 당연히 때에 임해서도 실행해 낼 수 없다. 사물의 이름이나 의미 등등에 관해 완전히 다루지 말라는 말이 아니다. 하지만 『대학』에서 말하듯, 선후를 안다면 도에 가깝게 될 것이다.

선생께서 또 말씀하셨다.

<u>양명</u> 사람은 각각의 재질[才]에 따라 성취해야 한다. 재질이야말로 그가 할 수 있는 바탕이다. 예를 들어 기蘷의 음악 능력과 직稷의 파종 능력은 그의 타고난 성품이 본래 그런 것과 같다. 그러므로 성취한다는 것은 다만 그 마음의 본체가 순수한 천리임을 일컫는 말이다. 천리에서 발하여 나온 뒤라야 그것을 재질이라고 한다. 순수한 천리의 경지에 도달한다면 또한 그릇처럼 한 가지 일에만 쓰이지 않을 수 있다. 요컨

대 기와 직에게 설사 다른 일을 행하게 했더라도 그
들은 잘할 수 있었을 것이다.

또 말씀하셨다.

양명 예컨대 "부귀에 처하면 부귀에 따라 행동하고,
환란에 처해서는 환란에 따라 행동한다"는 말은 모
두 그릇처럼 한 가지 일에만 쓰이지 않는 것을 말한
것이다. 그런데 이것은 오직 마음의 본체를 바르게
기른 사람만이 가능한 일이다.

2-12.
한가한 생각이나 잡념도 사욕이다

육징이 물었다.

__육징__ 여색을 좋아하고 이익을 좋아하고 명예를 좋아하는 마음은 물론 사사로운 욕망입니다. 그러나 한가한 생각이나 잡념과 같은 것까지 사욕이라고 말하는 건 지나치게 엄격한 것 같습니다.

선생께서 말씀하셨다.

__양명__ 그대가 말하는 한가한 생각이나 잡념 같은 것들은 결국 여색을 좋아하고 이익을 좋아하고 명예를 좋아하는 데서 생겨난다. 이것은 스스로 그 근원을 찾아보면 곧 알게 될 것이다. 예를 들어 말해 보자. 지금

그대의 마음속에 도둑질할 생각이 전혀 없다는 사실을 그대는 분명히 알 수 있을 것이다. 그런데 그걸 어떻게 확신할 수 있는가? 그건 그대에게 본래부터 그런 마음이 없었기 때문이라고 말할 수밖에 없다. 그대가 만약 여색이나 명예, 그리고 이익 같은 것을 좋아하는 마음에 대해서도 지금 도둑질하는 마음이 일어나지 않는 것처럼 모두 소멸시킨다면, 다만 마음의 본체만 남게 될 것이다. 이렇게 된다면 여기에 어떻게 한가한 생각이나 잡념 따위가 생길 수 있겠는가.

이것이 바로 『역경』에서 말하는 '고요해서 움직이지 않는 것' 즉 '적연부동'寂然不動이고, 『중용』에서 말하는 '감정이 아직 움직이지 않은 편안한 상태' 즉 '미발지중'이다. 이것은 또한 정자程子가 말한 '탁 트여 공공연한 상태' 즉 '확연대공'廓然大公이다. 이렇게 된다면 저절로 '감응하는 데서 세상일에 두루 통하게 되고', '행하는 일마다 절도에 딱 맞게 되며', '마주하게 되는 사건마다 순조롭게 대응하는' 경지라고 할 수 있다.

2-13.
성인과 순금에 관하여 다시 묻다

유덕장劉德章이 말했다.

유덕장 저는 선생님께서 성인과 순금을 비유하신 말씀[이 책 2-10장 참조]을 들었습니다. 선생님께서는 그 무게로 성인의 크기를 비유하시고, 그 단련됨으로 학자들의 공부를 비유하셨습니다. 저는 이 말씀을 전해 듣고 매우 절실한 깨달음을 얻었습니다. 그런데 다만 요임금과 순임금이 금 일만 개의 무게이고 공자를 구천 개의 무게라고 비교하신 부분에서 의문이 들었습니다.

양명 지금 그 말은 그대가 육체 위에서 생각을 일으키고 있기 때문에 성인들을 무게로 가늠하게 된 것이다. 크고 작다는 건 비유적인 말일 뿐이다. 누가 더

크든 혹은 많든 그것이 무슨 상관이겠는가? 그런 마음을 떠난다면 요임금과 순임금이 만 개라 한 것도 많은 것이 아니며 공자를 구천 개 정도라 한 것도 적은 것이 아닐 것이다. 요임금과 순임금의 만 개는 공자의 것이기도 하고, 공자의 구천 개는 요임금과 순임금의 것이기도 하다. 본시 누구의 것이랄 게 없으며, 누구의 것이랄 게 없기 때문에 성인이기도 한 것이다. 왜냐하면 한결같은 순수함을 따질 뿐이지 많고 적은 문제는 애초에 따질 필요가 없기 때문이다. 오직 그 마음이 순수한 천리에 따르기만 한다면 다 같은 성인인 것이다. 그 재능이나 역량 혹은 기백 같은 것이야 어떻게 똑같을 수 있겠는가?

오랜 세월이 지나오면서 후세의 유학자들은 오직 무게를 가지고서 크기를 비교하려고 든다. 자꾸 이렇게 생각하기 때문에 공리적인 데로 흘러 들어가는 것이다. 무게를 비교하려는 마음을 제거해 버려라. 그렇게 된다면 모든 사람들이 자신의 재능과 역량만큼을 가지고 오직 그 마음이 순수한 천리에 따르도록 노력하게 될 것이다. 그렇게 되면 사람 개개인마다 자연히 모두가 저대로 원숙해질 수 있다. 크면 큰 대로 작으면 작은 대로 이루는 것이기에 자기 밖에서 무엇을 더 바랄 필요 없이 모든 게 충분해질 것이다.

이것이야말로 착실하고 진실된 모습이니, 선을 밝히고 자신의 일을 정성스럽게 하는 것일 뿐이다. 후세의 유학자들은 성인의 학문에 밝지 못하여 자신의 마음이 갖추고 있는 양지·양능 위에서 체득하고 확충시켜 나아가면 되는 것을 알지 못하고 도리어 자신이 알지 못하는 데서 앎을 구하고 할 수 없는 데서 할 수 있기를 구하려 든다. 단지 높고 큰 것만을 바라느라 자기가 걸傑·주紂 같은 폭군의 마음이 되었음을 알지 못하고 요·순 같은 성인의 업적을 올리려고 든다. 그것이 어떻게 이루어질 수 있겠는가? 평생을 어중간히 지내다가 늙어 죽게 되어서도 끝끝내 무슨 일이 이루어졌는지 알지 못한다. 애처로울 따름이다.

2-14.
중(中)을 살피는 문제에 관하여

육징이 말했다.

육징 정이천程伊川은 희로애락喜怒哀樂 같은 감정이 아직 움직이지 않았다면 그 이전에 중中을 구하는 것은 불가능하다고 말했습니다. 그런가 하면 이연평李延平은 도리어 감정이 아직 움직이지 않은 그 이전의 상태를 잘 살피라고 가르쳤습니다. 이 두 사람의 말을 어떻게 이해해야 합니까?

양명 선생께서 말씀하셨다.

양명 두 분의 말이 모두 옳다. 정이천은 사람들이 감정이 드러나기 이전 상태에 집착해 마치 중을 하나의 실체로 대할 것을 경계한 것이다. 그렇게 되면 자칫 기운이 안정된 상태를 중이라고 여길 수 있기 때문이다. 하여 정이천은 제자들에게 오직 마음을 기르고 성찰하는 일에 힘쓸 것을 강조하였다.

이에 반해 이연평은 사람들이 막상 어디서부터 시작해야 좋을지 모르게 될 것을 걱정했다. 하여 사람들로 하여금 일단 매순간 감정이 드러나기 이전의 기상을 살피도록 한 것이다. 요컨대 사람들로 하여금 눈을 똑바로 뜨고 이것만을 쳐다보게 한 것이고, 귀를 기울여 이것만을 듣도록 한 것이다. 이것은 『중용』에서 말한 '보지 않은 것을 삼가고, 듣지 않은 것을 두려워하는 공부'이다.

육징이 다시 물었다.

육징 희로애락 등의 감정을 매번 적절하고 조화롭게 발휘하는 것은 보통 사람이 할 수 있는 경지가 아닙니다. 만약 어떤 작은 일을 당해 마땅히 기쁨과 노여움 같은 감정을 일으킬 때, 평소에는 그러한 기쁨과 노여움이 있는지도 전혀 모르다가 막상 일을 당해서는 감정이 상황에 딱 맞아떨어지게 발휘되었다면 이것도 역시 적절하고 조화로운 중화中和의 상태라고 말할 수 있을까요?

양명 물론 그때그때의 한 순간 한 사건 등에서도 진실로 적절하고 조화로운[中和] 상태를 말할 수 있다. 하지만 아직 위대한 근본이나 통달한 이치에 이른 것으로 볼 수는 없다.

사람의 본성은 다 선하다. 적절함과 조화로움의 중화는 사람마다 원래 가지고 있는 것이다. 그러니 어찌 없다고 하겠는가? 다만 보통 사람의 마음은 무언가에 덮여 가려진 것과 같다. 그래서 그 본체가 때때로 제대로 발현되더라도 결국엔 잠시 밝았다가 다시 꺼져 버린다. 본체가 온전히 드러나지 못하고, 그 작용 또한 크지 못하다.

적절하지 않은 때가 없는 것이 위대한 근본이고, 조화롭지 않는 때가 없는 것이 통달한 이치이다.

육징이 다시 물었다.

육징 아, 정말 어렵습니다. 저는 아직도 '중'[中]이란 말의 의미를 모르겠습니다.

양명 그럴 것이다. 중이라는 게 말로 전할 수 있는 게 아니다. 어찌 됐건 결국에는 반드시 본인 스스로 자기의 마음으로 체득해야 한다. 더욱이 중은 다만 천리天理일 뿐이다.

육징 ……

양명 천리는 어려운 게 아니다. 사사로운 욕망을 버리면 곧 천리를 알게 된다.

육징 그런데 천리가 어떻게 중中입니까?

양명 천리 즉 하늘의 이치는 치우치고 의지하는 것이 없기 때문이다. 그것은 마치 밝은 거울처럼 전체가 맑고 투명하여 조그만 티끌도 전혀 붙어 있지 않다.

육징 치우치고 의지한다는 것은 물들어 집착하는 것이 있다는 말이기도 합니다. 그러니 아름다운 여색을 좋아하거나 이익을 좋아하거나 혹은 명예를 좋아하거나 하는 등등의 일에 집착하고 있다면, 그때는 바로 치우치고 의지하고 있음을 알 수 있습니다. 하지만 기뻐하고 슬퍼하고 화나고 즐거워하는 등등의 감정이 아직 일어나지도 않았을 때는 여색, 이익, 명예 같은 곳 어디에도 아직 집착하고 있지 않은데 어떻게 치우치고 의지하는 것이 있음을 알 수 있겠습니까?

양명 그대 말이 맞다. 아직 희로애락이 발동하기 이전에 어떻게 치우치고 의지하는 걸 알 수 있겠는가. 하지만 비록 아직 드러내 집착하지는 않았다 하더라도 평소 여색이나 명예, 이익을 좋아하는 마음 등등이 본래 없었던 적이 있었겠는가? 그렇다면 다행이지만, 아마 그렇지 못할 것이다. 요컨대 그것은 비록 아직 드러나지 않았을 뿐이지 사실상 가지고 있는 것이라고 보아야 한다. 그리고 이미 지니고 있는 것이라면, 당연히 치우치고 의지하는 것이 없다고는 말할 수 없는 것이다.

2-15.
이치와 마음은 다르지 않다

육징이 물었다.

<u>육징</u> 이연평이 말하길 "마음이 이치에 합치되어 있으면 사사로운 마음이 없게 된다"고 했습니다. 이치에 마땅한 것과 사사로운 마음이 없는 것을 어떻게 구별할 수 있을까요?

선생께서 말씀하셨다.

<u>양명</u> 마음이 곧 이치다. 사심이 없다면 그것이 바로 이치에 마땅한 것이라는 뜻이다. 이치에 아직 마땅하지 않다면 그것을 사심이라 한다. 이치에 마땅한 것과 사심이 없는 것을 구별하고자 하는 것은 이치와

마음을 자칫 둘로 나누어 생각하게 될 수 있으니 주의해야 한다.

육징이 다시 물었다.

육징 불교는 세상의 모든 정욕情欲을 사사로운 것으로 보고, 이것에 전혀 물들지 않으려고 하다 보니 사사로운 마음이 없게 되는 듯합니다. 다만 출가하는 행위 자체가 이미 사람의 윤리를 버리고 있다는 점에서 이치에 맞지 않는 것 같습니다.

양명 결국 한 가지로 관통되는 일일 뿐이다. 그들 불자들이 하는 행위는 그저 한낱 사사로운 마음을 성취시키는 것일 따름이다.

2-16.
마음에 근심이 있는 것처럼 공부하라

설간이 물었다.

<u>설간</u> 선생님께서는 뜻을 지니기를 마음의 근심이 있는 것처럼 하라고 하셨습니다. 마음에 근심이 있으면 어떻게 한가한 말들을 떠들 수 있겠느냐는 뜻이셨습니다.

<u>양명</u> 처음 공부할 때는 그렇게 해도 좋다는 뜻이다. 맹자께서는 '마음이란 드나듦에 일정한 때가 없고 또한 일정한 장소도 없다'고 하셨다. 마음의 신령함은 본래 이러한 것이다. 모름지기 공부란 제자리를 잡아야 한다. 하지만 그저 지키기만 해서는 안 된다. 그렇게 공부해서는 끝내 폐해가 생기게 된다.

<u>설간</u> 오로지 내면의 덕성을 함양할 뿐 이치를 따져

구하는 일을 소홀히 한다면 어떻게 됩니까? 자칫 사사로운 욕망을 이치로 오해하게 될지도 모르지 않겠습니까?

양명 모름지기 사람은 반드시 배운다는 게 뭔지 알아야 한다. 이치를 따져 구하는 일도 결국 내면의 덕성을 함양하는 일이다. 강구하지 않으면 함양하는 의지도 절실해지지 않는다.

설간이 다시 물었다.

설간 배움을 안다는 건 어떤 것입니까?
양명 그대는 왜 배우고, 무엇을 배우는가?

설간이 대답했다.

설간 일찍이 선생님께서는 이렇게 말씀하신 적이 있습니다. "배움이란 천리를 보존하는 것을 배우는 것이다. 마음의 본체가 바로 천리이니, 천리를 체득한다는 것은 단지 마음속에서 사사로운 뜻을 없애는 것이다."
양명 정녕 그와 같다면 다만 그대 자신의 사사로운 뜻을 극복하여 제거하기만 하면 될 것이다. 그런데 또 어째서 천리와 인욕이 분명하지 못할까 걱정하겠는가.

<u>설간</u> 바로 그러한 사사로운 뜻을 잘못 알게 될까봐 두렵습니다.

선생께서 말씀하셨다.

<u>양명</u> 그것은 아직 의지가 절실하지 않기 때문이다. 의지만 절실하다면 눈으로 보고 귀로 듣는 것이 모두 천리에 있게 된다. 어찌 잘못 알게 될 이유가 있겠는가? 이런 까닭에 맹자께서는 "시비를 가리는 마음은 사람이면 누구나 가지고 있으니 밖에서 구할 필요가 없다"고 했다. 이치를 따져 강구하는 것 역시 자기 마음이 본 것에서 체득하는 것일 뿐이다. 마음 밖에 따로 볼거리가 있는 것이 아니다.

2-17.
아직 감정이 움직이지 않은
마음의 상태

육징이 물었다.

육징 편안하고 고요하게 마음을 보존한다면 이때를 가리켜 『중용』中庸이 말하는 '미발지중'未發之中 즉 '아직 감정이 움직이지 않은 중의 상태'라고 말할 수 있습니까?

선생께서 대답하셨다.

양명 요즘 사람들이 마음을 보존한다고 말하는 건 단지 기운을 안정시키는 정도다. 편안하고 고요하다고 한 것도 단지 기운이 편안하고 고요한 것일 뿐이다. 이것은 아직 감정이 움직이지 않은 중의 상태라 할 수 없다.

육징 그렇다면 미발지중의 상태까지는 아니어도 미발지중을 구하는 공부이기는 하다고 말할 수 있지 않겠습니까?

양명 그렇지 않다. 아직 감정이 움직이지 않은 중의 상태에 관한 공부는 오직 사사로운 욕심을 제거하고 순수한 천리를 보존하는 것뿐이다. 고요할 때도 매 순간 사사로운 욕심을 제거하고 순수한 천리를 보존하려고 해야 하고, 움직일 때도 매 순간 사사로운 욕심을 제거하고 순수한 천리를 보존하려고 해야 한다. 이것은 편안함과 고요함의 여부와는 관련이 없다.

만약 편안함과 고요함 등에 의지해서 아직 감정이 움직이지 않은 중의 상태를 찾고자 한다면, 점차로 고요한 것을 좋아하고 움직이는 것을 싫어하는 병폐가 생길 것이다. 또한 그러는 동안 더욱더 많은 폐단이 잠재되어 끝내 제거할 수 없게 되어, 막상 일을 만나서는 그 병폐가 여전히 자라게 될 것이다. 이치를 따른다면 어찌 편안하고 고요하지 않겠는가? 하지만 편안하고 고요한 것을 위주로 한다면 결코 이치를 따르지 못하게 될 것이다.

낭송Q시리즈 동청룡
낭송 전습록

3부
길 혹은 도(道)

3-1.
근본에서 힘을 기울여야 한다

육징이 물었다.

육징 선생님, 저는 지식이 별로 향상되지 않는데, 어떻게 해야 합니까?

선생께서 대답하셨다.

양명 학문은 반드시 본원이 있어야 한다. 본원에서 힘써 노력하면서 차츰차츰 채우면서 나아가야 한다. 비유하자면 도가道家에서 말하는 갓난아기 이야기를 들 수 있다. 예컨대 갓난아기가 엄마 뱃속에 있을 때는 단지 순수한 기 덩어리일 뿐이다. 그때 그 갓난아기에게 무슨 지식이 있겠는가? 태어난 후 비로소 처음으로 울 수 있고, 그런 후에야 웃을 줄도 알게 된다. 그로부터 좀더 지나면 자기 부모 형제를 알아볼 수 있으며, 또 조금 뒤에는 일어설 수 있고 걸을 수 있게 된다. 이후 잡을 수 있게 되고 짊어질 수도 있게 되면서, 마침내는 천하에 못할 일이 없게 된다. 이것은 모두 정기精氣가 차츰차츰 채워짐에 따라 나날이 근력도 강해지고 총명도 나아지게 된 것이다. 절대 태어난 날 곧바로 따져 물으며 미루어 찾아낼 수 있는 것이 아니다.

그러므로 학문을 하는 데는 반드시 본원이 있어야 한다. 성인께서 천지를 제자리 잡게 하고 만물을 기를 수 있는 것도 단지 희로애락 등 감정이 움직이지 않은 중中의 상태로부터 길러 낸 것이다. 후세의 유학자들은 격물의 의미를 이해하지 못해, 성인은 알지 못하는 것이 없고 하지 못하는 일이 없다고 하면서 곧바로 처음 공부할 때부터 모든 것을 완전히 따져 물으려고 하니, 세상에 어찌 그런 이치가 있을 수 있겠는가?

뜻을 세워 공부에 힘쓰는 일은 나무의 성장에 비유해 볼 수 있다. 어린 싹이 돋아날 때에는 아직 줄기가 없는 법이다. 줄기가 뻗어나올 때는 아직 가지가 없다. 그럼 가지가 생길 때는? 가지가 생겨야 잎이 달리고,

잎이 달려야 꽃이 피고 열매가 맺히는 법이다. 처음 싹이 텄을 때에는 그저 북돋우고 물만 주어야지 가지·잎·꽃·열매 등을 생각해서는 안 된다. 그런 망상에 매달리는 게 무슨 득이 되겠는가. 재배하는 노력을 잊지 않는다면 어찌 가지나 잎, 꽃과 열매가 없을 수 있겠는가?

3-2.
몸과 마음과 뜻과 앎과 사물은 하나다

정덕正德 기묘년己卯年: 1519년에 북경에서 돌아와 홍도洪都에서 양명 선생을 다시 뵈었다. 선생께서는 병사들을 관리하느라 업무가 매우 바쁘셨지만, 그 와중에도 틈을 내어 강의를 해주시곤 했다. 어느 날 선생께서 물으셨다.

<u>양명</u> 최근 몇 년간 공부가 어떠한가?

<u>진구천</u> 최근 몇 년 동안 '밝은 덕을 밝히는'[明明德] 공부는 다만 '뜻을 정성스럽게 하는'[誠意] 것임을 체득했습니다. 그런데 어째서 '뜻을 정성스럽게 하는' 성의 공부 앞에 격물格物과 치지致知 공부가 있는지는 이해할 수 없었습니다. 그런데 희안이 말하길 "양명 선생께서 격물치지는 성의 공부라고 말씀하셨는데, 지

극히 좋다"고 하였습니다. 저는 격물치지가 어떻게 성의 공부인 것인지 다시 물었지만, 희안은 오히려 제게 스스로 체득할 것을 권하였습니다. 그 이후 지금까지 저는 끝내 체득하지 못하고 있습니다. 선생님께서 가르쳐 주시기 바랍니다.

<u>양명</u> 안타까운 일이구나! 그것은 한마디로 깨우쳐 줄 수 있다. 다만 몸[身]과 마음[心]과 뜻[意]과 앎[知]과 사물[物]이 한 가지라는 것을 알아야 한다.

<u>진구천</u> 사물은 내 몸 밖에 있는 물건들인데 어떻게 내 몸과 내 마음, 내 뜻, 내 앎과 한 가지일 수 있습니까?

<u>양명</u> 귀와 눈과 입과 코와 사지는 몸이지만 마음이 아니면 어떻게 듣고 보고 말하고 냄새 맡고 움직일 수 있겠는가? 하지만 마음이 듣고 보고 말하고 냄새 맡고 움직이고 싶다 하더라도 귀와 눈과 입과 코와 사지가 없다면 또한 불가능하다. 이런 까닭에 마음이 없으면 곧 몸도 없고, 몸이 없으면 곧 마음도 없다고 말하는 것이다.

예컨대 허공을 채우고 있는 것을 가리켜 말할 때 그것을 몸[身]이라 하고, 주관하여 좌지우지하는 측면을 가리켜 말할 때는 마음[心]이라 하고, 마음이 움직여지는 지점에서 말할 때를 뜻[意]이라 하고, 뜻이 영험하게 밝혀진 대목을 말할 때 앎[知]이라 하고, 뜻이

가서 닿은 무엇을 말할 때 사물[物]이라 하는 것이니,
결국 한 가지 일인 것이다.

뜻[意]은 저 홀로 허공 중에 둥둥 떠도는 법이 없다.
뜻은 반드시 사물[物]에 달라붙어 있다. 그렇기 때문
에 '뜻을 정성스럽게' 하는 것은 뜻이 달라붙어 있는
그 사물 및 그 사물들이 모인 사건에서 그 일의 바름
[正]을 실현해야 한다. 사사로운 욕심을 버리고 천리
로 돌아가게 되면 이 일에서의 양지가 가려지지 않고
남김없이 실천된 것이다.

3-3.
양지는 견문에서 얻는 것이 아니지만
견문 역시 양지의 작용이다

구양숭일 선생님께서는 예전에 "양지는 견문에서 말미암아 얻어지는 것이 아니다. 만약 많이 듣고 그중 좋은 것을 골라 따르며, 많이 보고 기억해 두는 것이라 말할 수 있다면 이것은 부차적인 데로 떨어져 버리는 것이다"라고 말씀하셨습니다. 그런데 제 생각으로는 양지가 비록 견문에서 말미암아 얻어지는 것은 아니지만, 배우는 사람에게 앎은 보고 듣는 견문을 통해 깨우쳐지지 않을 수 없습니다. 견문에 가로막히는 것도 안 되지만, 견문이 양지의 작용이기도 한 것입니다. 지금 부차적인 데로 떨어져 버린다고 말씀하신 것은 아마도 견문에서만 배움을 구하는 사람들을 위해 말씀하신 것이 아닙니까? 만약 그 양지를 투철히 하면서 견문을 추구한다면 이 또한 지행합일의 공부라고 할 수 있지 않겠습니까?

__양명__ 양지는 견문에 말미암는 것이 아니지만, 견문은 양지의 작용이 아닌 게 없다. 그러므로 양지는 견문에 가로막혀 있지도 않지만, 견문에서 떨어지지도 않는다.

공자께서 말씀하시길, "나에게 앎이 있는가? 나는 어떤 앎도 없다"라고 했다. 이는 양지 이외에 다른 앎이 없음을 말한 것이다. 그러므로 치양지致良知, 즉 양지에 투철한 것이 학문의 커다란 근본이며, 성인이 사람들에게 가르친 핵심이다. 지금 오로지 견문의 말단에서 얻기를 추구하는 것은 그 핵심을 잃어버리고 부차적인 데로 떨어지게 된다. 근래 동지들 중에도 이미 치양지의 학설이 있음을 알면서도 그 실제 공부가 여전히 지지부진한 것은 바로 이에 대한 제대로 된 질문 하나를 빠뜨렸기 때문이다.

무릇 학문에 힘쓰기 위해서는 근본적인 핵심 요령을 터득해야 한다. 그 근본 요령에 뜻을 내어 오직 양지의 실천을 일삼아 밀고 나간다면 무릇 많이 보는 것들이 모두 치양지 공부가 될 것이다. 일상생활에서 보고 듣고 수작하는 일들이 비록 천만 가지라 하더라도 그 모든 일에 양지가 발동하여 작용하지 않는 경우란 없다. 오히려 보고 듣고 응수하는 경우를 빼고는 양지가 실천될 수가 없는 것이다. 이런 까닭에 양지니 견문이니 하는 말은 단지 한 가지 일이라고 할수 있다. 만약 그대가 말한 것처럼 "양지를 투철히 하면서 견문을 추구한다"고 하면 표현상 어쨌든 양지와 견문을 둘로 나눈 셈이 되어 옳다고 할 수 없다. 이것은 비록 보고 듣는 견문의 말단적인 데서 구하는 것과는 다르겠지만 어찌 됐건 마음을 순수하고 한결같게 하는 공부의 취지를 얻지 못한 점에서는 동일하다고 할 수 있다.

3-4.
속임수와 불신에 대처하는 군자의 자세

구양숭일 사람의 감정에는 갖가지 속임수가 넘쳐나서 의심하지 않으면 종종 속게 됩니다. 그렇다고 이런 것에 깨어 있으려면 스스로 남을 억측하게 됩니다. 무릇 남이 나를 속일까 짐작하는 것은 바로 내가 남을 속이는 것입니다. 남이 믿어 주지 않을 거라고 억측하는 것은 이미 내가 남을 믿지 않고 있는 것입니다. 그렇다고 남에게 속임을 당하는 것이 깨어 있는 것은 아닙니다. 미리 짐작하지도 않고 미리 억측하지도 않으면서 늘 먼저 깨닫는 것은 오직 양지의 명철한 것으로만 가능합니다. 그러나 잠시 잠깐의 순간에는 깨달음에 위반되고 속임수에 걸려드는 경우가 많습니다.

양명 '미리 짐작하지도 않고 미리 억측하지도 않으면서 늘 먼저 깨닫는 것'은 공자님께서 말씀하신 것으로, 당시 사람들이 남이 자신을 속일 거라고 미리 짐작할 뿐 아니라 남이 자신을 믿지 않을 거라고 억측하는 마음을 가지면서 자기 스스로 속임수와 불신에 빠져 들어갔음을 지적하신 것이다. 또한 미리 짐작하지 않고 미리 억측하지 않는 사람이라 해도 치양지 공부를 알지 못하여 자주 다른 사람에게 속임을 당했기 때문에 공자님께서 말씀하신 것이다. 요컨대 공자님께서는 사람들에게 다른 사람의 속임수와 불신을 먼저 깨달아야 한다고 말하고 있는 게 아니다. 이러한 마음들은 그 자체로도 후세에 남을 시기하는 음험하고 각박한 자들의 일이다. 단지 이러한 생각 하나만으로도 이미 요순의 도에 들어갈 수 없게 되는 것이다.

미리 짐작하지도 않고 미리 억측하지도 않았는데, 남에게 속임을 당한다면 그 사람은 아직 선한 행위를 잃지는 않았다고 할 수 있다. 그러나 양지를 실천해서 저절로 그런 일들을 미리 깨닫는 사람은 더욱 현명한 것이다. 그대가 "오직 양지의 명철함"이라고 말한 것은 이미 그 취지를 터득한 것으로 보인다. 그러나 역시 이는 그대 재능의 총명함이 이른 결과이지 아직은 그대가 실제로 체득한 것이라고 볼 수 없다.

생각해 보면 양지가 사람의 마음에 있다는 것은 만고의 시간과 전 우주에 걸쳐 같지 않음이 없다. 그대가 말한 "깨달음에 위반되고 속임수에 걸려드는 경우"가 많다는 것은 비록 남이 나를 속일까 미리 짐작하지 않아도 내 스스로 속는 일은 없을 수 없다는 것이며, 비록 다른 사람이 나를 믿지 않을 거라 억측하지 않더라도 결과적으로 자신을 믿지 못한다는 것이다. 이것은 혹시라도 늘상 먼저 자각하여 깨닫기를 구하는 마음을 가지고 있더라도 사실상 자각하야 깨달을 수 없음을 의미한다. 먼저 자각해 깨닫기를 구하는 마음을 늘 가지고 있는 것은 이미 다른 사람이 나를 속일 것이라 짐작하고 나를 믿지 않을 것이라 억측하는 데로 흘러서 스스로 그 양지가 가려지기 때문이다. 이것은 "깨달음에 위반되고 속임수에 걸려드는 경우"가 많다는 말의 의미이다.

군자는 자기를 위해 공부하기 때문에 다른 사람이 자기를 속일까 근심하지 않는다. 언제나 스스로 자신의 양지를 속이지 않을 따름이다. 다른 사람이 자기를 믿어 주지 않을까 근심한 적도 없다. 언제나 스스로 자신의 양지를 믿을 뿐이다. 또 남의 속임수와 불신을 먼저 깨닫기를 구한 적이 없다. 언제나 스스로 자신의 양지를 깨닫는 데 힘쓸 뿐이다.

이런 까닭에 스스로 속이지 않으면 그 자체로 양지에 거짓이 없으니 정성스럽게 되고, 정성스럽게 되면 밝아지게 된다. 스스로 믿으면 양지에 미혹됨이 없어 밝게 되고, 밝게 되면 정성스러워진다. 밝음과 정성스러움은 서로가 서로를 낳고 낳으니 양지는 항상 깨닫고 항상 환히 비쳐진다. 항상 깨닫고 항상 환히 비쳐지면 마치 밝은 거울을 매달아 놓은 것같이 어떤 사물이 와도 자연스럽게 그 아름답고 추한 그대로의 본모습을 감출 수 없게 된다.

어째서인가? 스스로 속이지 않고 정성스러우면 속이려고 하는 것을 받아들이지 않게 되어 진실로 속임수가 있다면 곧 깨닫게 되기 때문이다. 스스로를 믿어서 밝게 되면 믿지 않음이 없게 되어 진실로 믿지 않음이 있게 되면 곧 깨닫게 되기 때문이다. 이를 일컬어 "쉬운 것으로 험난한 것을 안다"고 말하고, "간략한 것으로 막힌 것을 안다"고 말하는 것이니, 바로 자사子思가 말한바 "지극한 정성스러움은 마치 신령함[神]과 같아서 미리 일을 알 수 있다"라는 것이다.

3-5.
학문은 마음에서 얻는 것을
귀하게 여긴다

나정암 그대가 회복시킨 『대학』의 옛고본은 결국 주자가 나눈 『대학』의 장章과 구句를 버리고 주자가 보충한 전傳을 삭제해 버린 것이오. 이는 그대가 생각하기에 학문은 다만 안에서 하는 것인데도 주자의 격물설은 밖에서 구하는 것을 면치 못하고 있다고 본 때문이 아니오?

양명 제가 감히 그렇게 했던 것은 아닙니다. 학문에 어찌 안과 밖이 있겠습니까? 『대학』 고본은 공자 문하에서 오랫동안 전해 온 판본입니다. 주자께서는 거기에 잘못이 있다고 의심하여 개정하고 보충하고 편집했습니다. 저는 거기에 본래 잘못이 없다고 보아 모두 그 옛판본을 따랐을 뿐입니다. 과실이 있다면 공자를 지나치게 믿었다는 데 있을 뿐, 고의로 주자가 나눈 장구를 버리고 보충한 전을 삭제해 버린 것은 아닙니다.

무릇 학문은 마음으로 터득하는 것을 귀하게 여깁니다. 마음에서 구했는데 아니라면 비록 그 말이 공자님에게서 나왔다고 해도 감히 옳다고 여기지 않습니다. 하물며 공자에 미치지 못한 사람이면 어떻겠습니까? 마음에서 구했는데 옳다면 비록 그 말이 보통 사람에게서 나왔다고 해도 감히 그르다고 여기지 않습니다. 하물며 공자에게서 나왔다면 어떻겠습니까?

『대학』 옛판본은 수천 년간 전해져 온 글입니다. 이제 문장을 읽으면 이미 뜻이 명백하게 통합니다. 그 공부를 논해 보면 쉽게 들어갈 수 있습니다. 그런데 무엇을 근거로 이 대목은 반드시 저기에 있어야 하고, 저 대목은 반드시 여기에 있어야 한다고 할 수 있습니까? 또 무슨 이유로 이곳에는 문장이 빠진 것이며 저곳에는 착오가 있었다고 단정하여 끝내 개정하고 보충하고 편집해야 하는 것입니까? 이것이 어찌 주자를 어기는 데는 신중하고 공자를 배반하는 데는 경솔한 짓이 아니겠습니까?

무릇 도는 천하의 공적인 것입니다. 그리고 학문은 천하의 공적인 것입니다. 이는 주자가 터득했다고 하여 사사롭게 소유할 수 있는 게 아니고, 공자가 터득했다고 하여 사사롭게 소유할 수 있는 게 아닙니다. 천하의 공적인 것은 공공연하게 말해져야 합니다. 그러므로 말하는 바가 옳다면 비록 자기와 다르다 하더라도 이내 자기에게 이익이 되며, 말하는 바가 그르다면 자기와 같다 하더라도 이내 자기에게 손해가 되는 것입니다. 자기에게 이익이 되는 것이라면 자기도 반드시 그것을 기뻐할 것이고, 자기에게 손해가 되는 것이라면 자기도 반드시 그것을 싫어할 것입니다. 그러니 지금 저의 논의가 비록 주자와 다를지라도 그것이 주자가 꼭 기뻐할 바가 아니라고 말할 수는 없습니다. 공자는 '군자의 과실은 일식이나 월식 같아서 그것을 고치면 사람들이 모두 우러러본다'고 하였습니다. 하지만 '소인은 과실이 있으면 반드시 그것을 꾸민다'고 합니다. 저는 비록 못난 인물이지만 감히 소인의 마음으로 주자를 섬기지는 않았습니다.

3-6.
치양지는 다른 사람의 선행을
자기 것으로 여긴다

모름지기 사람은 천지의 마음이어서, 천지간의 모든 것은 본래 나와 한몸입니다. 그러니 백성들이 겪는 고된 고통과 해독은 그 어느 것이든 내 몸의 절실한 질병과 통증이 아닐 수 없습니다. 내 몸의 질병과 통증을 알지 못한다면 이것은 옳고 그름을 판단하는 시비지심是非之心이 없는 것입니다. 시비지심은 생각하지 않아도 알고, 배우지 않아도 할 수 있는 것으로 이른바 양지良知라는 것입니다.

양지는 사람 마음에 있는 것으로, 이것은 성인과 어리석은 자를 구분하지 않으며 옛날이나 지금이나 똑같습니다. 세상의 군자라는 이들은 오직 자신의 양지를 실천하는 데 힘쓰기 때문에 스스로 시비에 공정해질 수 있고, 좋고 싫은 일들에 대해 같은 태도를 갖게 되어, 다른 사람을 자기 자신과 같이 보고, 나라를 한 가문과 같이 여겨 천지만물과 한몸이 됩니다. 이렇게 되면 천하가 다스려지지 않기를 구하더라도 그렇게 될 수 없습니다.

옛사람들은 다른 사람의 선행을 마치 자기 자신에게서 나온 것처럼 여겼고, 다른 사람의 악행을 마치 자기 자신이 악에 빠져든 것처럼 여겼습니다. 굶주림에 빠진 백성들 보기를 자기 자신이 굶주림에 빠진 것처럼 보았으며, 한 사람이라도 뜻을 얻지 못하면 마치 자기가 도랑에 밀어넣기라도 한 것처럼 했습니다. 이것은 그가 일부러 이렇게 함으로써 세상이 자기를 믿어 주기를 바랐기 때문이 아닙니다. 그 양지를 힘써 실천하며 스스로 만족을 구했을 뿐입니다.

요·순·우·탕·문왕·무왕 등의 성인들이 말을 하면 백성들 가운데 믿지 않는 자가 없었습니다. 그것은 성인들이 양지를 실천하여 말했기 때문입니다. 또 성인들이 행동을 하면 백성들 가운데 기뻐하지 않는 자가 없었습니다. 그것은 성인들이 양지를 실천하여 행동했기 때문입니다. 그래서 백성들은 즐겁게 화합하고 크게 여유가 있었으며 죽음에 이르러도 원망하지 않고 이로움을 얻더라도 고마워하지 않았습니다. 이와 같은 성인의 뜻은 오랑캐의 이민족들에게까지 베

풀어져 무릇 혈기가 있는 자들이라면 자신들의 임금
을 따르지 않는 자가 없게 되었으니, 이는 그 양지가
같기 때문입니다. 아아! 성인께서 천하를 다스린 이
치가 어쩌면 이렇게 간명하고 쉽습니까!

3-7.
아동교육의 대의를 보이다

옛날의 교육은 인륜을 가르쳤지만, 후세에 이르면서 암기하고 암송하며 문장을 짓는 풍습이 일어나 선왕의 가르침이 사라져 버렸다. 지금 아이들을 가르치고자 한다면 마땅히 효제孝悌와 충신忠信, 예의禮義와 염치廉恥에 오로지 힘쓸 일이다.

그들을 잘 북돋아 주며 기르고 함양시키는 방법으로는 우선 시를 노래하게 하는 것으로써 유인하여 그 뜻이 활발해지게 해야 한다. 또한 예를 학습하게끔 유도하여 의례가 갖는 권위를 엄숙하게 만들어 주면서, 다른 한편으론 글을 낭독하도록 진작시켜 그 지각을 계발시켜 주어야 한다. 요즘 사람들은 종종 시를 노래하고 예를 학습하는 것이 시대적인 문제에 적절하지 않다고 여긴다. 하지만 그게 다 세속의 말류

적이고 비루한 견해일 뿐이니, 그래서야 어찌 고인들
이 교육을 확립하던 의의를 알 수 있겠는가!

무릇 아이들의 정서는 놀기는 좋아해도 구속받기는
싫어한다. 마치 초목이 처음 싹이 돋아날 때 그것을
펴주면 활짝 뻗어가지만 굽히고 꺾으면 쇠잔해지는
것과 같다. 오늘날 어린 아이들을 가르치고자 한다면
마땅히 그들이 나아가려는 방향을 좇아 고무시켜서
마음속으로 기쁘게 해야 스스로 멈출 수 없을 만큼
나아갈 것이다. 비유컨대 때맞춰 내리는 비와 따뜻한
봄바람이 초목에 스미면 싹이 터 자라지 않을 수 없
어서 자연스럽게 나날이 생장하게 될 것이다. 만약
얼음이 얼고 서리가 내리게 된다면 생명의 의지는 점
점 말라 가게 될 것이다. 그러므로 시를 노래하게끔
유인하는 것은 단지 그들의 뜻을 드러내게 하려는 것
이 아니라 아울러 그렇듯 뛰고 소리치고 휘파람 부는
등등의 것을 노래로 발산하여, 음절을 통해 답답하게
억눌리고 막혀 있는 것을 펼쳐 내게 하려는 것이다.
또한 예를 학습하도록 유도하는 것도 단지 그 의례의
위엄을 엄숙하게 하려는 것이 아니라, 아울러 인사하
고 허리 숙이고 하는 와중에 혈맥을 호탕하게 흐르게
하여, 절 동작을 통해 굽혔다 폈다 하는 사이에 힘줄
과 뼈를 튼튼하게 하려는 것이다. 그리고 글을 낭독

하도록 진작시키는 것은 단지 그 지각을 계발하려는 것이 아니라, 아울러 마음을 평온하고 잠잠하게 가라앉히도록 되풀이하는 가운데, 억양을 넣어 소리 높이 읊고 외우는 행위를 통해 그 뜻을 떳떳하게 하려는 것이다.

무릇 이런 방법들은 모두 아이들의 의지를 순리에 따라 인도하고, 그 성정을 조율해 질서지우고, 그 비루함을 잠재워 소멸시키며, 그 완고함을 묵묵히 변화시키는 것들이다. 이러는 동안에 그들은 점점 예의에 잠겨 가면서도 그 어려움을 고통스럽게 여기지 않으며, 어느새 적정함과 조화로움에 입각해 있지만 그 까닭을 알지는 못한다. 이것이 대개 선왕들이 교육을 세울 때의 미묘한 뜻이다.

3-8.
역사가 경전이고, 경전이 역사다

서애가 물었다.

__서애__ 옛날 유학자들은 '육경'六經을 이야기 할 때, 『춘추』春秋를 역사책으로 보았습니다. 역사책은 사실을 전문적으로 기록한 것이니, 나머지 다섯 개의 경전들과는 아무래도 사정이 조금 다른 것 같습니다.

__양명__ 역사는 사실로써 말하고, 경전[經]은 도道로써 말한다. 하지만 사실이 바로 도이고, 도가 바로 사실이다. 요컨대 『춘추』도 일종의 경전이며, 다섯 경전도 일종의 역사이다. 『역경』易經은 복희씨의 역사이고, 『서경』書經은 요·순 이하의 역사이며, 『예경』禮經과 『악경』樂經은 하·은·주 삼대의 역사이다. 그 사실들도 같고 그 도道도 같으니 어찌 다르다고 할 게 있겠

는가?

그러니 다섯 경전도 역사이다. 어째서 그런가. 역사는 선악을 밝혀서 본받을 것과 경계할 것을 보여 주기 때문이다. 당연히 경전도 그러하다. 선善하여 본받을 만한 것은 특별히 그 자취를 보존하여 모범을 드러내고, 악惡하여 경계할 만한 것은 그 경계할 것에 대해서는 보존하지만 그 일 자체는 삭제하여 간악함을 막는다.

서애가 다시 물었다.

<u>서애</u> 악하여 경계할 만한 것은 그 경계할 것에 관해서는 보존하되 그 악한 사건의 기록 자체는 삭제하여 막는다고 하셨지만, 그렇다면 어째서 『시경』에서는 음탕한 시로 일컬어지는 「정풍」鄭風과 「위풍」衛風이 삭제되지 않은 것입니까? 이에 대해 주자는 '악한 시가 사람들의 방탕해지는 뜻을 징계할 수 있다'고 말했는데 정말 그래서입니까?

<u>양명</u> 나는 오늘날 전해지는 『시경』이 공자 문하로부터 전해진 옛날 판본이 아니라고 본다. 왜냐하면 공자께서는 분명 "정나라 음악을 추방하라. 정나라 음악은 음탕하다"고 하셨을 뿐 아니라, "정나라 음악이

아악雅樂을 어지럽히는 것을 미워한다"거나 "정나라와 위나라 음악은 나라를 망치는 음악이다"라고까지 말씀하셨기 때문이다. 정나라와 위나라의 음악에 대해서라면 오히려 이러한 태도가 본래 공자 문하에서 전해 내려오는 법도인 것이다.

또한 공자가 깎아 내어 정리한 300수의 시는 전부 아악雅樂들이다. 이 곡들은 모두 하늘에 제사드릴 때 연주할 수 있고, 크고 작은 마을의 향연에서도 연주할 수 있다. 모든 작품이 탁 틔어 밝고 화평하며 사람을 덕성에 젖게 할 뿐 아니라 풍속을 바르게 교화시킬 수 있었다. 어떻게 「정풍」과 「위풍」이 『시경』에 포함될 수 있겠는가? 「정풍」과 「위풍」의 시들은 음란함을 조장하고 성정을 간악함으로 이끄는 것들이다.

이것은 틀림없이 진시황의 분서 사건 이후 세상의 유학자들이 억지로 주워 모아서 『시경』의 시 300편을 숫자로 맞춘 것이다. 생각건대 음탕한 말은 세속에서 더욱 잘 전해지니, 오늘날의 민간에서도 여전히 그러하다. 주자께서 "악한 시는 사람들의 방탕한 마음을 징계할 수 있다"라고 말했던 건 「정풍」과 「위풍」에 대해 할 말이 마땅치 않게 되자 변명한 것이다.

3-9.
상달(上達)은 오직 하학(下學)에 있다

육징이 높은 경지의 공부인 상달上達 공부에 관해 물었다.
선생께서 말씀하셨다.

<u>양명</u> 성인 이후 후세의 유학자들은 사람을 가르치다가 정밀하고 미묘한 부분에 관련되기만 하면 "높은 단계의 공부인 상달上達은 배우기가 마땅치 않으니 일단 낮은 단계의 공부인 하학下學 공부를 설명하겠다"라고 말한다. 하지만 이런 태도는 자칫 배움을 하학과 상달이라는 두 가지로 나누게 될 우려가 있다. 무릇 눈으로 볼 수 있고 귀로 들을 수 있고 입으로 말할 수 있고 마음으로 생각할 수 있는 것은 모두 하학이다. 반면 눈으로 볼 수 없고 귀로 들을 수 없고 입으

로 말할 수 없고 마음으로 생각할 수 없는 것은 상달에 속한다. 예컨대 나무를 재배하고 물을 주는 것이 하학이라면 나무가 밤낮으로 조금씩 자라서 가지가 뻗고 잎이 무성해지는 것은 상달이다. 사람이 어떻게 그 힘에 간여할 수 있겠는가?

그러므로 사람이 힘을 쓸 수 있고 또 말로 알려 줄 수 있는 것은 전부 하학이다. 그렇다면 상달은? 상달은 오직 하학 속에만 있다. 따라서 성인의 말씀은 그것이 아무리 정밀하고 미묘하다 할지라도 모두 하학이다. 배우는 이들은 다만 하학으로부터 힘써 나가면 자연히 상달하게 된다. 이 밖에 별도로 상달하는 공부를 찾을 필요는 없다.

3-10.
『대학』과 『중용』의 핵심을 말하다

채희연蔡希淵이 물었다.

<u>채희연</u> 주자가 『대학』을 새롭게 편찬했을 때 격물치지格物致知에 관한 부분을 성의誠意 부분 앞에 놓았는데, 이것은 『대학』 1장에 나오는 팔조목을 참고해 볼 때 충분히 이유가 있다고 생각합니다. 그런데 선생님께서 강조하시는 『대학』 옛날 판본에 따르게 되면 어쨌든 성의가 가장 앞에 있으니, 결론적으로 성의가 격물 앞에 있게 됩니다. 저는 이 부분이 석연치 않습니다.

<u>양명</u> 『대학』의 공부는 명명덕明明德, 즉 밝은 덕을 밝히는 것이다. 밝은 덕을 밝힌다는 게 무엇인가. 『대학』에서는 이것이 다만 성의誠意일 뿐이라고, 즉 뜻을

정성스럽게 하는 데 있다고 말하고 있는 것이다. 왜 그럴까? 뜻을 정성스럽게 한다는 것이 바로 격물格物과 치지致知, 즉 물物을 바르게 하고 양지를 실천하는 것이기 때문인 것이다.

만일 뜻을 정성스럽게 하는 것을 중심으로 물을 바르게 하고 양지를 실천해 나간다면, 공부는 비로소 제대로 열매 맺게 될 것이다. 요컨대 선을 행하고 악을 제거하는 데는 뜻을 정성스럽게 하는 것, 즉 성의誠意가 아닌 게 없다.

만일 주자의 말처럼 격물을 성의 앞에 놓게 되면, 개개 사물의 이치를 먼저 규명하는 것이 뜻을 정성스럽게 하는 것이라는 말이 되는데, 어떻게 그 많은 개개 사물의 이치를 먼저 규명할 수 있겠는가. 아마도 곧 명하게 되어 의지할 곳도 없게 될 것이다. 이런 이유로 주자는 공경[敬]이라는 말을 덧보텔 수밖에 없었다. 공경이 있어야 겨우 자기 몸과 마음으로 끌어들일 수 있는 것이다. 하지만 그냥 성의誠意를 중심으로 삼게 되면 번거롭게 공경을 덧보텔 필요가 없다. 그래서 성의를 앞으로 끌어내 이야기한 것이다. 이것은 학문의 핵심 요체다.

이런 작은 부분을 애초에 제대로 살피지 않게 되면 나중에는 걷잡을 수 없이 큰 차이로 벌어지게 된다.

모름지기 『중용』은 다만 성신誠身 즉 '몸을 정성스럽게 하는' 공부이다. 이것이 지극한 것을 지성至誠 즉 '지고한 정성'이라 한다. 한편 『대학』은 성의誠意 즉 '뜻을 정성스럽게 하는' 공부이다. 이것이 지극한 것을 지선至善 즉 '지극한 선'이라 한다.

공부는 결국 한 가지다. 여기에서는 공경[敬]을 보태고, 저기에서는 다시 '정성[誠]'을 보태어 해설하기에 급급해지면 이는 결국 뱀을 그리면서 다리까지 그려 넣는 것처럼 공연히 쓸데없는 허물을 면하기 어렵다.

3-11.
발본색원(拔本塞源) 혹은 성인들의 공동체

성인의 마음은 천지 만물을 한몸으로 봅니다. 성인들은 천하 사람들을 볼 때 안팎이 없고 멀고 가까운 게 없습니다. 혈기血氣를 가지고 있는 것이면 모두 자기 형제나 어린 자식으로 여겨 안전하게 보살피고 가르쳐 기르려고 하면서 만물일체의 생각을 수행합니다. 처음에는 천하 사람들의 마음도 성인의 마음과 다르지 않았습니다. 나[我]라는 게 있다는 사사로움과 물욕物欲에 마음이 가려진 상태 등으로 다른 사람과 사이가 벌어지고 간격이 생겨, 컸던 마음이 작아지고 통쾌하던 마음이 막히게 되었습니다. 이로 인해 사람마다 각각의 마음을 갖게 되었고 마침내 부모와 자식, 형제 간에 서로를 원수처럼 여기는 지경에 이르게 되었습니다.

성인께서는 이것을 걱정하여 천지 만물을 한몸으로 여기는 어진[仁] 마음을 추진하여 천하 사람들을 가르쳤으니, 이는 사람들로 하여금 각자의 사사로운 마음과 가리워진 마음을 극복하고 제거시켜 누구나 똑같이 가지고 있는 마음의 본체를 회복케 하려는 것이었습니다.

성인께서 행한 가르침의 근본은 요임금·순임금·우임금이 서로 전수했는데, 이른바 '도의 순수한 마음은 극히 은은하고 미세하니, 오직 정성스럽고 한결같게 하여 진실로 그 중中을 잡으라'는 그것이었습니다. 좀더 자세한 내용으로는 순임금이 설契에게 명한 것으로, 이른바 '부모와 자식 사이에는 사랑이 있고, 임금과 신하 사이에는 의로움이 있고, 지아비와 지어미 사이에는 구별이 있고, 어른과 아이 사이에는 순서가 있고, 친구 사이에는 신의가 있어야 한다'는 다섯 가지였습니다. 요임금과 순임금, 그리고 하·은·주 삼대의 시대에는 가르치는 사람은 오직 이것으로 가르쳤고, 배우는 사람은 오직 이것을 배웠던 것입니다. 당시에는 이와 다른 견해를 가진 사람도 없었고 이와 다른 풍습을 가진 집안도 없었습니다. 이것을 편안히 여기는 사람이 성인이며, 이것을 힘쓰는 사람은 현인입니다. 이것을 등지는 사람은 비록 요임금의 아들인

단주丹朱처럼 총명한 사람이더라도 불초不肖하다고 하는 것입니다. 아래로는 시골의 작은 마을이나 농부·공인工人·장사꾼 등과 같은 천한 사람들일지라도 모두 이를 배우지 않는 자가 없이 오로지 그 자신의 덕행을 이루기를 힘썼습니다. 무엇 때문이겠습니까? 견문의 잡다함, 암송의 번다함, 문장의 넘쳐남, 공리의 추구 따위 없이 단지 그들로 하여금 부모에게 효도하고 어른들 잘 모시고 친구들과 신의를 지키고 누구나 똑같이 가지고 있는 마음의 본체를 회복하도록 했기 때문입니다. 이것은 본성이 본래 나눠 가진 것이지 밖에서 빌려 온 것이 아닙니다. 그러니 사람이라면 누군들 그것을 할 수 없었겠습니까?

학교에서는 오직 덕을 이루는 것을 일삼았습니다. 재능이 서로 달라서 혹은 예禮와 악樂에 뛰어나고 혹은 정치와 교육 방면에 뛰어나고 또 혹은 파종하고 재배하는 데 뛰어나서 각자 이룩한 덕을 바탕으로 학교 안에서는 그의 재능을 더욱 정련하도록 하였습니다. 또 그 덕을 추천하여 임명하였으며 종신토록 그 직분에 머물며 바꾸지 않도록 하였습니다. 그를 임용시켜 쓰는 사람은 오직 그 똑같은 마음이 덕에 한결같아서 천하 사람들을 편안하게 해줄 것을 알았고, 그 재능이 직책에 적합한지 아닌지만을 보았을 뿐 지위의 높고 낮음으로 경중을 따지지 않았으며 맡은 일이 수고로움과 편안함으로 좋고 나쁨을 따지지 않았습니다. 또한 그 임용되는 사람은 오직 그 똑같은 마음이 덕에 한결같아서 천하 사람들을 편안하게 해줄 것을 알았고 그 재능이 합당한 것이라면 종신토록 번다함에 처하더라도 피로하다고 여기지 않았으며 낮고 자질구레한 자리도 편안하게 여겼으며 비천하다고 여기지 않았습니다.

이 시절의 천하 사람들은 즐겁고 만족스러워서 서로를 한 집안의 친척처럼 보았습니다. 재질이 낮은 사람들은 곧 농업·공업·상업 등의 직분을 편안히 여기며 각자 자신의 직책에서 부지런히 일하여 서로 살리고 서로 부양해 주었을 뿐 높은 지위를 바라거나 이밖의 다른 일에 마음을 갖지 않았습니다. 한편 재능이 남다른 고요皐陶·기夔·후직后稷·설契 같은 사람들이 나타나서 각자 자신들의 능력을 발휘했습니다. 이들은 마치 한 집안의 일을 하는 듯했는데, 어떤 이는 입는 것과 먹는 것을 경영했고, 어떤 이는 가지고 있는 물자들을 유통시켰으며, 또 어떤 이는 쓸 만한 기기를 갖추었는데, 생각을 모으고 힘을 합하여 위로는 부모를 섬기고 아래로는 자녀를 양육하겠다는 소원을 갈구하였습니다. 그리하여 그 일을 맡은 사람들은 혹시라도 태만하거나 자기만을 중시하는 허물이 생길까 두려워하였습니다.

후직은 자신이 맡은 농사일을 부지런히 하였을 뿐, 자기가 교육일을 알지 못하는 것을 부끄러워하지 않았으며, 설契이 교육을 잘하는 것을 곧 자기가 교육을 잘하는 것처럼 여겼습니다. 기夔는 자신이 맡은 음악 일을 주관하였을 뿐, 자기가 예에 밝지 못한 것을 부끄러워하지 않았으며, 백이伯夷가 예에 능통한 것을 곧 자기가 예에 능통한 것처럼 여겼습니다.

대개 그 마음은 순수함과 명백함을 배워 만물일체의 어짊을 온전히 가질 수 있었기 때문에, 그 정신情神과 지기志氣가 흐르고 서로 통하여 자신과 타인을 구분하거나 나와 사물 사이의 차별이 있지 않았습니다. 한 사람의 몸에 비유하자면 눈은 보고 귀는 듣고 손은 쥐고 발은 걸어가서 한몸의 작용을 구제하는 것과 같습니다. 눈은 자기가 듣지 못하는 것을 부끄러이 여기지 않고 귀가 소리들에 닿을 때 반드시 눈은 그것을 살펴보며, 발은 쥐지 못하는 것을 부끄러이 여기지 않고 손이 찾는 일을 할 때 반드시 발은 그 앞으로 데리고 가 줍니다. 그 원기元氣가 충실하고 두루 통하며 혈맥이 잘 퍼져 나가니 이런 까닭에 가려움과 아픔 그리고 호흡 및 감촉하는 것마다 귀신같이 응하여 말하지 않아도 서로 깨닫는 기묘함이 있었던 것입니다.

이것이 곧 성인의 학문이 지극히 쉽고 지극히 간단해서 알기 쉽고 따르기 쉬운 까닭입니다. 학문이 배우기 쉽고 재능을 이룩하기 쉽다는 것은 이처럼 큰 단서가 오직 누구나 똑같이 가지고 있는 마음의 본체를 회복하는 데 있다는 말입니다. 지식이나 기술적 능력 같은 것은 함께 논할 게 못 됩니다.

3-12.
사구교(四句敎), 마음의 본체는
선도 없고 악도 없다

정해년丁亥年: 1527년 9월, 양명 선생께서는 군사를 일
으켜 사주思州와 전주田州를 다시 정벌하게 되었다. 막
출발 명령을 내리려고 준비하고 있을 즈음, 나전덕홍는
왕기와 더불어 양명 선생님 학문의 정수에 관해 논의
중이었다. 얼마전 선생님께서는 다음과 같은 네 개의
구절을 말씀해 주신 일이 있었다. "선도 없고 악도 없
는 것은 마음의 본체이고, 선도 있고 악도 있는 것은
뜻이 움직인 것이며, 선을 알고 악을 아는 것은 양지
이고, 선을 행하고 악을 제거하는 것은 격물이다." 나
는 왕기에게 이 네 구절에 관해 어떻게 생각하느냐고
물었다. 그러자 왕기가 대답했다.

왕기 이것은 아마도 궁극적인 화두가 아닐 것이다.

만약 마음의 본체가 선도 없고 악도 없다고 말한다면, 뜻[意] 역시도 선도 없고 악도 없는 뜻이며, 앎[知]도 역시 선도 없고 악도 없는 앎이며, 사물[物]도 또한 선도 없고 악도 없는 사물일 것이다. 만약 뜻에 선악이 있는 것이라면 결국 마음의 본체도 선과 악이 있게 된다.

전덕홍 마음의 본체는 하늘이 명한 본성이기 때문에 원래 선도 없고 악도 없다. 하지만 사람에게는 익숙하게 학습되어 버린 마음이 있기 때문에 뜻[意]이 움직이는 순간 이미 선과 악이 있음을 보게 된다. 격물·치지·성의·정심·수신 등은 본성의 근본을 회복하는 공부이다. 만약 뜻에 원래부터 선과 악이 없다면 양명 선생님께서 이 공부에 관해 말씀하실 필요가 없었을 것이다.

이날 저녁 나와 왕기는 천천교天泉橋에서 양명 선생을 모시고 앉아서 가르침을 청하였다. 양명 선생께서는 우리 두 사람의 논의를 다 들으신 후 말씀하셨다.

양명 내가 이제 막 출정하려는 순간인데 마침 그대들이 이 부분을 밝히려고 애썼구나. 지금 들으니 두 사람의 견해는 서로가 서로를 의지하여야 이루어질 수 있다. 절대 한쪽에 집착해서는 안 된다. 이제까지 내가 이곳에서 사람들을 만나는 데에는 두 가지 원칙이 있었다.

첫째, 근기가 뛰어난 사람의 경우 곧바로 본원本源적인 데서 깨우쳐 주었다. 사람 마음의 본체는 원래 밝고 맑아서 막힘이 없으며, 감정이 아직 움직이지 않은 편안한 중의 상태(미발지중)다. 근기가 뛰어난 사람은 단번에 본체를 깨닫는다. 그는 다른 사람과 자기 자신, 안과 밖을 한꺼번에 통찰하게 된다.

둘째, 근기가 그 다음 정도에 해당하는 사람의 경우 보통 학습된 마음이 있어서 본체가 가려져 있게 마련이다. 따라서 잠시 뜻과 생각 등에서 착실하게 선을 행하고 악을 제거하도록 가르친다. 공부가 무르익은 뒤 남은 찌꺼기를 제거해 버리면 마음의 본체 역시 온전하게 밝아지게 된다.

왕기의 견해는 내가 여기서 근기가 뛰어난 사람을 만났을 때 사용했던 것이고, 덕홍의 견해는 내가 여기서 보통 근기의 사람들을 가르쳤던 방법에 해당한다. 이제 그대들 두 사람이 서로의 의견을 취하여 함께 사용한다면, 보통 사람 이상이나 이하의 사람들을 도道의 경지로 인도할 수 있게 될 것이다. 하지만 서로가 끝내 각각의 한쪽만을 고집한다면 결국에는 눈 앞에서 바로 사람을 그르치게 될 것은 물론 도의 본체에 관해서도 각자 완전해질 수 없을 것이다.

이후 붕우朋友들과 학문을 강론할 때에도 절대 내가 말한 근본 취지를 잊으면 안 된다. 다시 한 번 분명히 말해 두련다. '선도 없고 악도 없는 것이 마음의 본체이다. 선도 있고 악도 있는 것은 뜻이 움직인 것이다. 선을 알고 악을 아는 것이 양지이다. 선을 행하고 악을 제거하는 것이 격물이다.'

이날 왕기와 나는 모두 깨달은 것이 있었다.

3-13.
대학문(大學問) ─ 대인은 천지만물을 한몸으로 여긴다

우리 선생님께서는 선비들을 처음 만나면 반드시 『대학』과 『중용』의 첫 장을 빌려 성인의 학문이 갖는 완전한 공덕을 가리켜 보여 주어 사람들로 하여금 스스로 좇아 들어가는 길을 알게 하셨다. 선생님께서는 정벌을 위해 사은四恩과 전주田州 지역으로 출발하시기로 되었는데, 그에 앞서 '대학문'大學問으로 우리를 가르치셨다. 나 덕홍전덕홍이 그것을 받아 기록한다.

물음 옛날 학자들은 '대학'을 대인大人의 학문이라고 했습니다. 감히 묻습니다. 『대학』에서 말하는바, 대인의 학문이 밝은 덕을 밝히는 데 있다고 하는 것은 어째서입니까?

양명 대인大人이란 천지만물天地萬物을 한몸으로 여기는 사람이다. 그는 천하를 하나의 집안처럼 여기고, 중국을 한 사람처럼 본다. 만약 형체를 사이에 두고 너와 나를 분별하는 사람이 있다면 그가 바로 소인小人이다.

대인이 천지만물을 한몸으로 여길 수 있는 것은 그가 일부러 그러려고 해서 그런 것이 아니다. 그 마음의 인仁함이 본래 이와 같아서 천지만물과 더불어 하나가 되는 것이다.

그런데 어찌 대인만 그렇겠는가? 소인의 마음도 역시 그러하지만 소인은 저 스스로 작게 만들었을 뿐이다. 이런 까닭에 어린 아이가 우물에 빠지는 것을 보게 되면 누구나 반드시 놀라고 두려워하며 측은해하는 마음이 생긴다. 이것은 그 사람의 어짊, 즉 인함이 그 아이와 함께 한몸이 된 것이다. 어린아이는 넓게 보면 다 같은 사람의 한 부류이기 때문이다.

새나 짐승이 처절하게 울면서 두려워 떨고 있는 것을 보게 되면 누구나 반드시 차마 외면할 수 없는 마음이 생긴다. 이것은 그 사람의 어짊, 즉 인함이 그 새나 짐승과 함께 한몸이 된 것이다. 새와 짐승은 지각이 있기 때문이다.

풀이나 나무 등이 꺾어지거나 잘려 나간 것을 보게 되면 누구나 반드시 안쓰럽고 불쌍히 여기는 마음이 생긴다. 이것은 그 사람의 어짊, 즉 인함이 그 풀이나 나무 등과 함께 한몸이 된 것이다. 풀이나 나무 등은 생명의 의지를 가지고 있기 때문이다.

기왓장이나 돌이 깨져 있는 걸 보게 되면 누구나 반드시 옛일을 돌이켜 회고해 보는 아련한 마음이 생긴다. 이것은 그 사람의 어짊, 즉 인함이 그 기왓장이나 돌 등과 한몸이 된 것이다.

이렇게 한몸이 되게 하는 어짊 즉 인함은 비록 소인이라 할지라도 반드시 그 마음을 가지고 있다. 바로 이 마음은 하늘이 부여한 본성에 근거하기 때문에 저절로 환히 밝아서 절대 어둑해지지 않는다. 이런 이유로 이것을 일컬어 명덕明德 즉 밝은 덕이라고 하는 것이다.

소인의 마음은 이미 간격이 생겨 분별되고 매우 협소하게 좁아져 있다. 하지만 그럼에도 소인의 '인함'을 완전히 어둡다고만 할 수 없는 것은, 그의 '인함'이 아직 사사로운 욕심에 의해 움직여지거나 가려지지 않는 때가 있기 때문이다. 그것이 사사로운 욕심에 움직이고 가려지면 이해 득실에 따라 서로를 배격하고 분노에 따라 서로를 공격하게 되어 장차 생물은 물론 사람까지 해치면서 못할 짓이 없게 될 것이다. 심지어 같은 혈육까지도 죽이는 자가 있으니 이런 사람은

'만물과 하나가 되는 인한 마음'이 없어져 버렸다고 할 수 있다.

이런 까닭에 사사로운 욕심에 의해 가려지지 않는다면 비록 소인의 마음이라도 천지만물과 한몸이 되는 인한 마음은 진실로 대인의 그것과 같지만, 한 번 사사로운 욕심에 가려지게 되면 비록 대인의 마음일지라도 곧 간격이 생겨 분별되고 매우 협소하게 좁아져 소인과 같게 되는 것이다. 그러므로 대인의 학문을 하는 자는 오직 사사로운 욕심에 가려지는 걸 제거하여 스스로 밝은 덕을 밝히면서, 천지만물과 한몸이 되는 본연의 마음을 회복할 따름이다. 본체 밖에서 더 늘리거나 보탤 무엇이 있지 않다.

3-14.
지행(知行)은 하나다

양명 선생께서는 '앎과 행위는 하나'라는 '지행합일'知
行合一을 강조하셨다. 그런데 나서애는 양명 선생의 이
말씀을 잘 이해할 수가 없었다. 나는 함께 공부하는
종현·유현 등과 함께 여러 차례 이 '지행합일'의 문
제를 놓고 논의해 보았지만 의심을 완전히 해결할 수
가 없었다. 나는 어쩔 수 없이 양명 선생께 다시 이 문
제를 여쭈어 보았다. 그러자 양명 선생님께서는 내게
예를 들어 말해 보라 하셨다.

<u>서애</u> 예를 들어 사람은 마땅히 부모에게는 효도해야
하고 형에게는 공손해야 한다는 것을 잘 알지만, 실
제로는 효도하지 못하고 공손하지 못한 사람들이 많
습니다. 이것은 안다는 것[知]과 행위하는 것[行]이 분

명히 다른 일이라는 사실을 보여 줍니다.

선생께서 말씀하셨다.

<u>양명</u> 과연 그러할까? 지금 그대가 예로 든 것은 사사로운 욕심 때문에 앎과 행위가 벌어지고 단절된 것이지, 지행知行 즉 앎과 행위의 본질을 지적했다고 할 수 없다. 아직까지 알면서 행하지 않는 사람은 단 한 사람도 없었다. 알지만 행하지 못했을 뿐이라고 말하는 것은 그저 아직 알지 못한 것일 뿐이다.

성현들이 사람들을 가르치신 것은 앎과 행위의 본체를 회복하고자 한 것이지, 결코 이렇게 해도 좋고 저렇게 해도 좋다는 뜻이 아니었다. 이런 까닭에 『대학』에서는 참된 앎과 행위를 가리켜 "좋아하기를 마치 아름다운 여인을 좋아하듯이 하고, 싫어하기를 마치 나쁜 냄새를 싫어하듯이 하"는 것이라고 말했다. 아름다운 여인을 보는 것은 앎에 해당되고, 아름다운 여인을 좋아하는 것은 행위에 해당된다. 아름다운 여인을 보면 곧 저절로 좋아하게 되는 것이지, 한 번 쳐다본 이후 다시 또 좋아한다는 마음을 일으키는 것이 아니다. 나쁜 냄새를 맡는 것은 앎에 해당되고, 나쁜 냄새를 싫어하는 것은 행위에 해당된다. 나쁜 냄새를

맡으면 곧 저절로 싫어하게 되는 것이지, 한 번 냄새를 맡은 이후에 다시 또 싫어한다는 마음을 갖게 되는 것이 아니다.

가령 코가 막힌 사람은 비록 나쁜 냄새가 나는 것을 앞에서 보더라도 그것을 싫어하지 않는다. 왜냐하면 코로 냄새 맡지 못했기 때문이다. 요컨대 이것은 아직 냄새를 알지 못한 것이다. 예컨대 아무개가 효를 알고 아무개가 공손함을 안다고 말할 때도 마찬가지다. 반드시 그가 효를 행하고 공손함을 행할 때에만 그가 효와 공손함을 안다고 말할 수 있는 것이다. 그가 효도와 공손함에 대해 말할 줄 안다고 해서 그가 효도와 공손함을 안다고 말할 수는 없다.

그러므로 아픔을 안다는 것은 반드시 자기가 아픔을 겪었어야만 아픔을 아는 것이다. 추위를 안다는 것은 반드시 자기가 추위를 겪었어야만 추위를 아는 것이다. 배고픔을 안다는 것은 반드시 자기가 배고픔을 겪었어야만 배고픔을 아는 것이다. 앎과 행위를 어떻게 분리시킬 수 있겠는가? 이것이 앎과 행위의 본체다. 이러한 뜻은 일찍이 사사로운 욕심으로 인해 앎과 행위의 사이가 벌어지고 단절된 적이 없다. 이 얼마나 절실하며 착실한 공부인가? 그런데 지금 그대가 기어이 앎과 행위를 다른 것이라고 말하는 건 어떤 의미인가? 지금 내가 기어이 앎과 행위를 하나라고 말하는 건 어떤 의미인가? 논의의 근본 취지를 알지 못하고 단지 하나냐 둘이냐 하고 묻는다면 무슨 소용이 있겠는가?

3-15.
앎은 행위의 시작이고
행위는 앎의 완성이다

선생께서 말씀하셨다.

양명 앎은 행위의 시작이고, 행위는 앎의 완성이다.
성인의 학문은 오직 하나의 공부가 있을 뿐이니, 앎
과 행위는 둘로 나눌 수 없다.

3-16.
공자의 정명(正名)을 말하다

육징이 물었다.

육징 공자의 정명正明에 관해 여쭙습니다. 자로는 스승 공자께, 위衛나라 임금 첩輒이 정치를 맡긴다면 무슨 일을 먼저 할 것이냐고 물었습니다. 그러자 공자께서는 반드시 이름을 바로잡겠다고 대답했습니다. 옛 유학자들은 이름을 바로잡는다는 공자의 '정명'正名에 대해, "위로는 천자에게 알리고, 아래로는 방백方伯에게 알려서 위나라 임금인 첩輒을 폐위시키고 그 동생인 영郢으로 대체시키려고 했"다고 설명했습니다. 이런 설명이 어떻습니까?

선생께서 대답하셨다.

양명 내 생각으론 아마도 그렇지는 않았을 것이라고 본다. 한 나라의 임금이 공경과 예의를 갖추어 나와 더불어 정치를 하고자 하는데, 어떻게 내가 먼저 앞장서서 그를 퇴출시킬 수 있겠는가? 그렇게 하는 것이 어찌 인정이며 천리이겠는가?

공자께서 기꺼이 첩과 더불어 정치를 하고자 마음먹었다면 이미 첩이 진심으로 공자의 말씀을 따를 수 있게 되었기 때문일 것이다. 다시 말해 성인의 성대한 덕과 지극한 성실함은 반드시 어지러운 위衛나라 일망정 첩의 마음을 감화시켰을 것이다. 아마도 첩은 공자의 말을 통해, 아비가 없으면 사람 노릇을 하지 못한다는 것을 깨달았을 것이고, 이에 통곡하면서 달려가 반드시 그 아비를 맞아들이도록 노력했을 것이다. 아버지와 자식의 사랑은 천성에 근본한 것이기 때문이다.

아들인 첩이 그와 같이 진실되고 절실하게 뉘우치는데, 아비인 괴외蒯聵가 어찌 감동하여 기뻐하지 않을 수 있겠는가? 괴외는 곧 환국하게 되었을 것이고, 첩은 곧바로 아버지인 괴외에게 위나라를 바치며 죽여달라고 자청했을 것이다. 그런데 괴외는 환국하기 전에 이미 아들에게 감화되었을 뿐 아니라, 공자께서 지극한 성실함으로 그들 사이를 조화시키니, 괴외 역시 절대로 나라를 받으려고 하지 않고 이제까지와 같이 그저 첩에게 계속 나라를 다스릴 것을 명령할 것이며, 여러 신하와 백성들도 반드시 첩이 임금이 되기를 바랄 것이다.

이리하여 첩은 자신의 잘못을 스스로 드러내어 천자에게 청하고 방백과 제후에게 알리면서 반드시 아버지에게 나라를 바치고자 했을 것이며, 괴외와 여러 신하 및 백성들은 모두 자신의 잘못을 뉘우친 첩의 어질고 효성스러운 미덕을 드러내어 천자에게 청하고 방백과 제후에게 알려서 반드시 첩을 임금으로 삼고자 했을 것이다. 그래서 천명天命이 첩에게 모아지고 그를 다시 위나라의 임금으로 삼게 되었을 것이다. 첩은 어쩔 수 없이 곧 한고조漢高祖가 자신의 아버지를 태상황太上皇으로 받든 고사와 같이 뭇 신하와 백성들을 거느리고 괴외蒯聵를 태공太公으로 받들며 갖가지 물건을 갖추어 봉양한 뒤에 비로소 물러나와 임금의 지위로 복귀할 것이다.

이렇게 된다면 임금은 임금답고 신하는 신하답고 아비는 아비답고 자식은 자식다워져서 그 이름이 바르게 되고 그 말이 순해져서 일거에 천하에 정치를 베풀 수 있을 것이다. 이름을 바로잡는다는 공자의 정명은 아마도 이와 같을 것이다.

3-17.
한 구간을 가야 비로소 한 구간을 알 수
있다

육징이 물었다.

육징 『대학』大學에 따르면, 앎이 지극해진 후에야 뜻
을 성실하게 한다고 말할 수 있습니다. 그런데 지금
저는 아직 천리와 인욕이 무엇인지 알지 못합니다.
이런 제가 어떻게 자기를 이기는 공부를 할 수 있습
니까.

선생께서 말씀하셨다.

양명 누구든 진실되고 절실하게 꾸준히 공부한다면
이 마음에 대해 알게 된다. 그렇게 된다면 천리의 정
미함도 나날이 보게 되고, 사욕의 정미함도 나날이

보게 된다. 사정이 이러한데도 만약 자기를 이기는 공부를 하지 않는다면 어떻게 되겠는가? 아마도 하루 종일 말로만 떠들게 될 뿐이니, 그렇게 되면 천리도 끝내 스스로 드러나지 않고 사욕도 끝내 스스로 드러나지 않게 된다.

이것은 마치 사람이 길을 가는 것과 같다. 사람이 길을 갈 때 한 구간을 가야만 비로소 한 구간을 알 수 있게 된다. 그러다 갈림길에 이르면 어느 길로 갈까 의심하게 되고, 의심으로부터 질문을 만들고, 답을 얻으면 다시 길을 가야만 가고자 하는 곳에 점점 도달할 수 있다. 요즘 사람들은 이미 자신에게 있는 천리를 기꺼이 보존하려고도 하지 않고, 이미 자신도 알고 있는 자신의 사사로운 욕심을 기꺼이 제거하려고 하지 않으면서, 그저 전부 다 알아낼 수 없을까, 전부 다 제거할 수 없을까 하는 따위만 근심한다. 그런 마음으로 한가히 입만 나불대며 떠들어 대는데 이런 식의 행동이 천리와 인욕을 아는 데 무슨 보탬이 되겠는가? 자기를 이겨내고 또 이겨내서 더 이상 이겨낼 사사로움이 없어질 때까지 노력해 본 이후에 비로소 다 알 수 없음을 근심해도 늦지 않다.

3-18.
안회가 죽자 성인의 학문도 사라졌다

육징이 물었다.

육징 선생님께서 하신 말씀 중에 '안회가 죽자 성인의 학문도 사라졌다'란 말씀에 대해 여쭙습니다.

선생께서 대답하셨다.

양명 성인 공자의 도를 온전히 깨달은 사람은 오직 안회뿐이다. 공자께서 '한숨을 지으며 탄식한' 것을 보면 알 수 있다. 또한 안회는 "스승님(공자)은 사람을 잘 인도하신다. 글로써 나를 넓혀 주셨고, 예로써 나를 다듬어 주셨다"고 말했다. 이 말을 잘 음미해 보면, 이것은 스승 공자의 가르침을 철저하게 이해한 뒤에 나온 말임을 알 수 있다.

그대가 한 번 생각해 보라. '글로써 넓히고 예로써 다듬는 것'이 어째서 사람을 잘 인도하는 것인지를. 배우는 자들은 반드시 이런 대목을 깊이 생각해 보아야 한다. 도 전체는 성인께서도 역시 사람들에게 말해 주기 어렵다. 반드시 묻고 배우는 사람들이 스스로 닦고 스스로 깨쳐야 한다.

3-19.
기꺼이 광자(狂者)의 길을 가리라

설간·추수익·마자신·왕간 등이 양명 선생을 모시고 있을 때였다. 양명 선생께서는 영왕寧王 주신호朱宸濠의 난을 정벌한 이후 세상에서 선생을 비난하는 무리가 더욱 많아졌다고 탄식하였다. 선생께서는 제자들에게 각자 생각하는 이유를 말해 보라고 하셨다. 함께 있던 제자들이 의견을 모아 말하였다.

제자1 선생님의 업적과 세력 및 지위가 점점 높아지자 세상에서 그것을 꺼리는 사람들 또한 많아졌기 때문입니다.
제자2 선생님의 학문이 날로 명명백백하게 밝혀지자 송나라 유학을 지키려는 이들이 위기의식을 느꼈기 때문입니다.

<u>제자3</u> 선생님이 남경에 오신 이후로 선생님과 뜻을 함께 하겠다며 모여드는 사람들이 나날이 많아지자 사방에서 이를 배척하고 막으려는 자들이 힘을 쓰고 있기 때문입니다.

이윽고 사람들의 말을 다 들은 후 양명 선생께서 말씀하셨다.

<u>양명</u> 지금 그대들이 해준 의견들은 모두 일리가 있다. 하지만 내가 알고 있는 부분에 관해서는 아직 아무도 지적하지 않았다.

여러 제자들이 그것이 무엇인지 가르침을 청했다. 양명 선생이 말하였다.

<u>양명</u> 나는 남경에서 벼슬하기 전까지 아직 거짓 군자인 향원鄕原의 마음이 남아 있었다. 하지만 지금은 이 '양지'를 믿게 되었고 양지에 따라 진실로 옳다고 여기는 것과 그르다고 여기는 것을 그대로 실천하면서 조금도 감추는 게 없어졌다. 요컨대 나는 최근에 이르러 겨우 광자狂者의 심경을 지니게 되었다. 잘 알다시피 광자는 치우친 사람이며, 당연히 성인이 아니

다. 하지만 광자는 비록 성인은 아닐지언정 그 자신이 품은 성인을 향한 열정을 포기하거나 굽히지 않는다. 나는 천하의 사람들이 모두 나의 행동과 말이 일치하지 않는다고 비웃을지라도 나의 뜻을 포기하거나 굽히지 않을 생각이다.

3-20.
남이 말해 주는 것은
자신이 뉘우치는 진실됨만 못하다

군수郡守 남대길南大吉은 시험을 주관하는 좌주座主였지만, 양명 선생에 대해서는 자신을 문하생이라고 일컬었다. 성품이 호탕하고 넓어서 작은 예절에 구애되지 않았는데, 선생과 함께 학문을 토론하여 깨달음이 있었다. 이내 대길이 선생께 아뢰어 말했다.

대길 제가 정사政事에 임하여 잘못하는 일이 많은데, 선생님은 왜 한 번도 말해 주지 않으십니까?
양명 무슨 잘못이었는가?

대길은 잘못된 일들을 일일이 밝혔다. 그러자 선생께서 말씀하셨다.

양명 그것은 내가 말해 준 것들이다.

대길 무슨 말씀이신지……?

양명 내가 말한 게 아니면 자네는 어떻게 그것을 알았는가?

대길 양지良知로 압니다.

양명 양지가 내가 늘 말하는 것이 아닌가?

대길이 웃으면서 인사를 올리고 떠났다.
며칠 동안 대길은 더욱 세밀하게 자신의 잘못을 헤아렸다. 그리고 다시 물었다.

대길 잘못한 뒤에 뉘우쳐 고치는 것보다 처음부터 범하지 않는 것이 더 좋다고 왜 미리 말씀해 주지 않으셨습니까?

선생께서 대답하셨다.

양명 남이 말해 주는 것은 자신이 뉘우치는 진실됨만 못하다.

대길은 웃으면서 인사를 올리고 떠났다.
다시 며칠 동안 대길은 더욱더 세밀하게 자신의 잘못

을 헤아렸다. 그리고 또 물었다.

대길 육신의 잘못은 고치려 노력할 수 있습니다만, 마음의 잘못은 어떻게 해야 합니까?

선생께서 말씀하셨다.

양명 처음에는 거울이 아직 환하게 열리지 않아서 허물이 있어도 감출 수 있다. 하지만 거울이 밝아지면 티끌 하나만 떨어져 내려도 눈에 확 띄기 때문에 그대로 놔두기가 어렵다. 바로 여기가 성인의 길로 들어가는 계기이다. 힘써 노력해야 한다.

『전습록』(傳習錄) 원 체재(體裁)

전습록 권상(券上)
서애(徐愛)의 서문
서애의 기록
서애의 발문
육징(陸澄)의 기록
설간(薛侃)의 기록

전습록 권중(券中)
전덕홍(錢德洪)의 서문
-고동교(顧東橋)에게 답하는 글
-주도통(周道通)에게 보내는 글
-육원정(陸元靜)에게 답하는 글
-다시 답하는 글
전덕홍 발문
-구양숭일(歐陽崇一)에게 답하는 글
-나정암(羅整菴) 소재(少宰)에게 답하는 글
-섭문울(聶文蔚)에게 답하는 글
-섭문울에게 다시 답하는 글
-아동 교육의 대의를 유백송(劉伯頌) 등에게 보이다
-교육의 규칙

전습록 권하(券下)
진구천(陳九川)의 기록
황직(黃直)의 기록
황수이(黃修易)의 기록
황성증(黃省曾)의 기록
황이방(黃以方)의 기록
전덕홍의 발문